RESEARCH ON THE APPLICATION AND DEVELOPMENT OF UNIVERSITY
TEACHING RESOURCES UNDER INFORMATION TECHNOLOGY

信息技术下的高校教学资源
应用与开发研究

陈立娟 著

黑龙江科学技术出版社

图书在版编目（CIP）数据

信息技术下的高校教学资源应用与开发研究 / 陈立娟著 . -- 哈尔滨 : 黑龙江科学技术出版社 , 2022.7（2023.1 重印）
ISBN 978-7-5719-1464-6

Ⅰ . ①信… Ⅱ . ①陈… Ⅲ . ①高等学校—教育资源—信息资源—研究—中国 Ⅳ . ① G649.2

中国版本图书馆 CIP 数据核字 (2022) 第 101568 号

信息技术下的高校教学资源应用与开发研究
XINXI JISHU XIA DE GAOXIAO JIAOXUE ZIYUAN YINGYONG YU KAIFA YANJIU

作　　者　陈立娟
责任编辑　陈元长
封面设计　安　吉
出　　版　黑龙江科学技术出版社
　　　　　地址：哈尔滨市南岗区公安街 70-2 号　邮编：150007
　　　　　电话：（0451）53642106　传真：（0451）53642143
　　　　　网址：www.lkcbs.cn
发　　行　全国新华书店
印　　刷　三河市元兴印务有限公司
开　　本　710mm×1000mm　1/16
印　　张　15.75
字　　数　233 千字
版　　次　2022 年 7 月第 1 版
印　　次　2023 年 1 月第 2 次印刷
书　　号　ISBN 978-7-5719-1464-6
定　　价　50.00 元

前　言

　　随着社会信息化程度的提高，以计算机技术尤其是网络技术为核心的现代信息技术在改变了人们的社会工作和生活方式的同时，还极大地影响和改变了人们的思维方式和学习方式。事实上，随着网络技术向宽带、高速、多媒体方向发展，教育以更具人性化的应用方式向网络化、个性化的趋势发展。网络为人们提供了多元化的学习渠道，使知识的学习与获取更加方便及高效。站在新的历史起点，应聚焦新时代对人才培养的新需求，强化以能力为先的人才培养理念，将教育信息化作为教育系统性变革的内生变量，支撑引领教育现代化发展，推动教育理念更新、模式变革、体系重构，使我国教育信息化发展水平走在世界前列。新时代赋予教育信息化新的使命，也必然带动教育进入信息化时代。

　　在高校教育教学管理实践中，积极全面实现教学资源信息化建设，能够在很大程度上实现教育资源的共享，提升教育的开放性及广泛性。为了更好地推动教学资源信息化建设，应该积极采用科学的教育技术，切实发挥教育技术的整体应用成效，全方位优化高校教学资源信息化建设成效。本书首先讲述了信息技术与教育技术、高校教师信息化教学能力构成；其次分析了高校教学信息化管理、高校教师队伍的建设，以及高校教学管理信息化延伸；最后探讨了高校数字教学资源共建共享的平台、高校特色专业教学资源库的建设与应用，以及信息技术与高校教学融合的机遇。本书条理清晰，内容充实，语言简练，希望其能够成为一本为相关研究提供参考和借鉴的专业学术著作，供人们阅读。

　　在本书的编写过程中，作者参考了大量书籍和文献资料，汲取了很多同仁的宝贵经验，在此一并致以衷心的感谢！由于时间仓促，编者水平有限，书中难免存在疏漏之处，敬请读者批评指正！

目　录

第一章

信息技术与教育技术概述

第一节　信息技术与教育信息化

自计算机诞生以来，信息技术就以广泛的影响和巨大的生命力风靡全球，成为对人类影响最广泛和最深刻的科技领域。尤其是 20 世纪 90 年代以来，信息技术以惊人的速度改变着人们的工作方式、学习方式、思维方式、交往方式和生活方式。21 世纪，信息技术成为最活跃的、与人们生活最密切的科技领域，人类社会全面迈进信息化时代。与此同时，信息技术正在深刻地影响着教育现代化的发展，教育信息化成为教育现代化的重要制高点。

一、现代技术的概念内涵

（一）技术的概念

早在《史记·七十列传·货殖列传》中，就有"技术"一词，其用来指"技艺方术"。英文中的技术一词"technology"由希腊文"techne"（工艺、技能）和"logos"（词、讲话）构成，意为对工艺、技能的论述，其最早出现在 16 世纪，当时仅指各种应用工艺。到了 20 世纪初，技术的含义逐渐扩大，涉及工具、机器及其使用方法等的方方面面。

如今，技术被广义地认为是人类为实现社会需要而创造和发展起来的手段、方法和技能的总和。它可以指物质，如机器、硬件或器皿，也可以包含更广的架构，如系统、组织方法和技巧。技术是知识进化的主体，也是劳动工具的延伸与扩展，它包括物体形态、智能形态、社会形态三个方面。法国科学家德尼·狄德罗（Denis Diderot）主编的《百科全书》给技术下了简明的定义："技术是为某一目的共同协作组成的各种工具和规则体系。"

（二）现代技术的特征

20 世纪 60 年代以来蓬勃兴起的当代科技革命，实质上是一场新的技术革命。它既是 20 世纪上半叶自然科学革命发展的产物，同时又是生产技术方式在机械化、电气化、自动化基础上的进一步信息化与智能化。"现代技术""高科技"等概念的出现，在本质上有别于传统的"以科学为基础"的技术。自工业社会以来，"科学技术"一词被广泛运用，技术发展逐渐呈现与科学知识紧密结合的现代特征。现代技术呈现出以下特征。

1. 复杂性

复杂性指许多现代工具由于与科学知识结合而具有难以了解的特性。有些技术容易使用，却相对难以理解其来源和制造方法，如餐刀、网球及高加工食品等；也有的技术不仅较难使用，还难以理解其使用原理，如拖拉机、电视、电脑等。

2. 依赖性

依赖性指现代工具无论是在制造还是在使用上面，多依赖其他的现代工具的事实。例如，汽车的生产需要巨大且复杂的制造工业的支撑，汽车的使用则需要有复杂的公路、街道、加油站、维修厂和废弃物收集装置等配套设施的支持，由此亦见现代技术的社会复杂性。

3. 多元性

多元性是指技术既可以表现为有形的工具装备、机器设备、实体物质等硬件，也可以表现为无形的工艺、方法、规则等知识软件，还可以表现为虽不是实体物质却有物质载体的信息资料等。此外，技术的多元性还表现为相同工具具有不同类型和变体，如多种样式的汤匙和小刀、不同类型的计算机与汽车等。

4. 普及性

普及性指现代技术的普及与广泛存在。近年来，信息技术的发展已使得泛在技术（任何人可以在任何时间、任何地点运用任何技术顺畅地通信）无处不在。例如，手机网络、互联网、通信卫星等现代技术每时每刻都在支配着现代人的日常生活。

二、信息技术的内涵

（一）信息技术的概念

信息技术（information technology, IT），是指在计算机和通信技术的支持下用以获取、加工、存储、变换、显示和传输文字、数值、图像及声音等信息，包括提供设备和提供信息服务两大方面的方法与设备的总称。它主要是应用计算机科学和通信技术来设计、开发、安装、使用信息系统及应用软件，是用于管理和处理信息所采用的各种技术的总称。它也常被称为信息与通信技术（information and communication technology, ICT），主要包括传感技术、计算机技术和通信技术。总体来说，信息技术是研究信息的生产、采集、存储、变换、传递、处理过程及广泛利用的新兴科技领域。

"信息技术教育"中的"信息技术"，可以从广义、中义、狭义三个层面来定义。在广义层面，信息技术是指能充分利用与扩展人类信息器官功能的各种方法、工具与技能的总和，该定义强调的是从哲学上阐述信息技术与人的本质关系；在中义层面，信息技术是指对信息进行采集、传输、存储、加工、表达的各种技术之和，该定义强调的是人们对信息技术功能与过程的一般理解；在狭义层面，信息技术是指利用计算机、网络、广播电视等各种硬件设备及软件工具与科学方法，对图文声像等各种信息进行获取、加工、存储、传输与使用的技术之和，该定义强调的是信息技术的现代化与高科技含量。

在企业、学校和其他组织中，信息技术体系结构是一个为达成战略目标而采用和发展信息技术的综合结构，它包括管理和技术的成分。管理成分包括使命、职能与信息需求、系统配置和信息流程；技术成分包括用于实现管理体系结构的信息技术标准与规则等。由于计算机是信息管理的中心，计算机部门通常被称为信息技术部门。

（二）信息技术的分类

信息技术的应用包括计算机硬件和计算机软件、网络和通信技术、应用软件开发工具等。自计算机和互联网普及以来，人们日益普遍使用计算机来生产、处理、交换和传播各种形式的信息（如书籍、商业文件、报刊、唱片、电影、电视节目、语音、图形、图像等）。具体来说，信息技术的分类如下。

首先，按表现形态的不同，信息技术可以分为硬技术（物化技术）与软技术（非物化技术）。前者指各种信息设备及其功能，如显微镜、电话机、通信卫星、多媒体电脑等；后者指有关信息获取与处理的各种知识、方法与技能，如语言文字技术、数据统计分析技术、规划决策技术、计算机软件技术等。

其次，按工作流程中基本环节的不同，信息技术可以分为信息获取技术、信息传递技术、信息存储技术、信息加工技术及信息标准化技术。信息获取技术包括信息的搜索、感知、接收、过滤等，如显微镜、望远镜、气象卫星、温度计、钟表、互联网搜索器中的技术等。信息传递技术是指跨越空间共享信息的技术，如单向传递与双向传递技术，单通道传递、多通道传递与广播传递技术。信息存储技术是指跨越时间保存信息的技术，如印刷术、照相术、录音术、录像术、缩微术、磁盘术、光盘术等。信息加工技术是对信息进行描述、分类、排序、转换、浓缩、扩充、创新等的技术。信息加工技术的发展有两次突破：从人脑信息加工发展为使用机械设备（如算盘、标尺等）进行信息加工，再发展为使用电子计算机与网络进行信息加工。信息标准化技术是指使信息的获取、传递、存储、加工各环节有机衔接，以提高信息交换共享能力的技术，如信息管理标准、字符编码标准、语言文字的规范化等。

最后，在日常用法中，按使用的信息设备不同，把信息技术分为电话技术、电报技术、广播技术、电视技术、复印技术、缩微技术、卫星技术、计算机技术、网络技术等。

三、信息技术的发展趋势

信息技术的发展日新月异，当前信息技术发展的总趋势是从典型的技术驱动发展模式向技术驱动与应用驱动相结合的模式转变，发展趋势主要体现在五个方面。

（一）高速大容量

速度和容量是紧密联系的，随着人们传输和处理的信息量越来越大，高速大容量需求成为必然趋势。从元器件到计算系统，从处理、存储到传输，从传输到交换，信息技术正在向着高速大容量的方向发展。

（二）综合集成

社会对信息的多方面需求，要求信息技术提供更丰富的产品和服务。信息采集、处理、存储与传输的结合，信息生产与信息使用的结合，各种媒体的结合，各种业务的综合，都体现了综合集成的理念。

（三）平台化

操作系统、数据库、中间件和应用软件相互渗透，硬件、操作系统等软件整合集成，标志着信息技术在向一体化软件平台方向演变。平台化可以降低 IT 应用的复杂度，满足用户灵活部署、协同工作和个性应用的需求。

（四）智能化

随着传感技术、通信技术的发展，海量数据汇集将赋予信息技术更多的自适应能力，智能化将成为趋势。智能信息技术将综合利用各种网络、自动化等手段为人类与社会提供快捷的智能服务。

（五）多媒体化

在数字媒体技术与终端融合的发展前提下，人们更加注重视听感觉和个体体验，多媒体化是必然趋势。综合处理音频、视频、图形、图像，以及与终端设备交互控制结合的技术，有助于实现人机信息动态、双向交互。

四、教育信息化的发展

教育信息化是指在教育（教育管理、教育教学和教育科研）领域运用计算机多媒体和网络信息技术，促进教育的全面改革，使之适应信息化社会对教育发展的新要求。

（一）教育信息化的基本特征

教育信息化既具有"技术"的属性，也具有"教育"的属性。

从技术属性看，教育信息化的基本特征是数字化、网络化、智能化和多媒体化。数字化使得教育信息技术具有设备简单、性能可靠和标准统一的特征；网络化使得信息资源可共享、活动时空少限制、人际合作易实现；智能化使得系统能够做到教学行为人性化、人机通信自然化、繁杂任务代理化；多媒体化使得传媒设备一体化、信息表征多元化、复杂现象虚拟化。

从教育属性看，教育信息化的基本特征是开放性、共享性、交互性与协作性。开放性打破了以学校教育为中心的教育体系，使教育社会化、终身化、自主化；共享性是信息化的本质特征，它使大量的教育资源能为全体学习者共享；交互性能实现人—机之间的双向沟通和人—人之间的远距离交互学习，促进教师与学生、学生与学生、学生与其他人之间的多向交流；协作性为教育者提供了更多的人—人、人—机协作完成任务的机会。

（二）教育信息化的发展趋势

互联网、云计算、物联网等技术的快速发展，给教育信息化建设带来了深刻的影响，教育信息化进入了一个"跨越式"发展的阶段。

1.缩小数字化差距

结合义务教育学校标准化建设，针对基础教育的实际需求，提高所有学校在信息基础设施、教学资源、软件工具等方面的基本配置水平，全面提升应用能力。

2.推进信息技术与教学融合

建设智能化教学环境，提供优质数字教育资源和软件工具，利用信息技术开展启发式、探究式、讨论式、参与式教学，鼓励发展性评价，探索建立以学习者为中心的教学新模式，倡导网络协作学习，提高信息化教学水平。逐步普及专家引领的网络教研，提高教师网络学习的针对性和有效性，促进教师专业化发展。

3. 培养学生在信息化环境下的学习能力

适应信息化和国际化的要求，继续普及和完善信息技术教育，开展多种方式的信息技术应用活动，创建绿色、安全、文明的应用环境；鼓励学生利用信息手段主动学习、自主学习、合作学习；培养学生利用信息技术学习的良好习惯，发展兴趣特长，提高学习质量；增强学生在网络环境下提出问题、分析问题和解决问题的能力。

总而言之，教育信息化的深入发展，越来越推进信息技术与教育的全面整合，更加强调培养学生的信息化学习能力，注重优质数字教育资源的共建共享，从而促进教育的教学创新和管理创新，助力破解教育改革和发展的难点问题，促进教育公平，提高教育质量，建设学习型社会。

第二节 教育技术学的学科发展

技术在教育中的应用可以追溯到 16 世纪的图书插图、18 世纪教室中使用的黑板。现代意义的教育技术是在 20 世纪初期随着电子技术的出现，随着教育媒体的不断演变而发生与发展的，是现代科学技术发展对教育影响的结果，是教育技术学科不断发展与成熟的过程。自 20 世纪 90 年代以来，由于计算机与多媒体网络技术的迅猛发展，信息技术逐渐成为主流的教学媒体，并引起颠覆性的、以学生为主体的数字化学习方式的变革，信息技术与课程整合成为现代教育技术的主要应用领域，构成教育技术学科的重要研究领域。

一、教育技术学的学科定义与研究领域

（一）教育技术学的学科定义

由于教育技术的发展阶段不同，教育技术学的名称与定义在国内外都曾

出现过多种版本。其中，国外最常引用的教育技术学定义，是美国教育传播与技术协会（AECT）所发布的教育技术学 AECT 定义。21 世纪初，AECT 发布的教育技术定义指出：教育技术是通过创造、使用、管理适当的技术过程和资源，促进学习和改善绩效的研究与符合道德规范的实践。

在我国，教育技术领域在 20 世纪 30 年代从国外引进，常常被称为"电化教育"。至今，电化教育的名称仍然被用于我国各类教育技术行政机构或期刊名称中，如各级电化教育馆、《电化教育研究》《中国电化教育》等。20 世纪 80 年代，中华人民共和国电化教育的奠基人南国农先生将电化教育定义为"运用现代教育媒体，与传统教育媒体恰当结合，传递教育信息，以实现教育最优化"。

随着学科的发展，20 世纪 80 年代以来，我国教育界开始逐渐使用教育技术这一国际通行的学科名称，教育技术被广泛用于学科名称、学术专业、研究机构的称谓中。

（二）教育技术学的研究领域

根据教育技术学的学科定义，教育技术的研究领域包括学习过程与学习资源的设计、开发、利用、管理和评价五个方面的理论与实践。学习过程是指学习者通过与信息和环境的相互作用而得到知识、技能和态度的过程。学习资源是指支持学习的资料来源或资料库，包括支持系统的教学材料与环境，但资源并非仅指用于教学过程的设备和材料，还包括用于教学的人员、预算和设施。

教育技术的主要研究领域有五个范畴。

第一，学习过程与学习资源的设计。这是指为达到给定的教学目标，首先要进行学习者的特征分析和教学策略制定，在此基础上进行教学系统及教学信息设计，包括教学内容的确定、教学媒体的选择、教学信息与反馈信息的呈现、内容与呈现方式的设计等，以创造最优的教学模式，使每个学生都成为成功的学习者。

第二，学习过程和学习环境的开发。这是指对音像技术、电子出版技术、计算机辅助教学技术，以及多种技术综合集成应用于教育教学过程的开发研究。也可以说，开发是对教学设计结构的"物化"或"产品化"，是教学设计的具体应用。开发领域的范围可以是一节课、一个新的改进措施，也可以是一个大系统工程的具体规划和实施。

第三，学习过程和学习资源的利用，应强调对新兴技术、各相关学科和最新研究成果，以及各种信息资源的利用和传播，并设法使其制度化、法规化，以支持现代教育技术手段不断革新。

第四，学习过程和学习资源的管理，即对所有学习资源和学习过程进行计划、组织、指挥、协调和控制。具体包括教学系统管理、教育信息及资源管理、教学研究及开发管理等。"管理出效益"，科学管理是现代教育技术的实施和教学过程、教学效果优化的保证。

第五，学习过程和资源的评价，要注重对教育教学系统的终结性评价，更要注重形成性评价，并以此作为监控教学质量和不断优化教学系统与教育过程的主要措施。因此，应及时对教育教学过程中存在的问题进行分析，并参照规范要求（标准）进行定量的测量与比较，向学习者提供有关学习进步的情况，以便及时调整学习步伐，直至取得成功。

总之，教育技术专业在从一个年轻的交叉学科走向成熟和独立。在信息技术迅速发展的网络时代，对数字化学习环境及学习问题的关注度逐渐增强，并保持较强态势。现代教育技术的专业研究与实践领域正在朝多元化的方向发展，新媒体、新技术与教育结合将会掀起相应的研究热潮，并引发技术在教学和学习中应用的探讨与评价。

二、教育技术的学科发展

美国最早产生教育技术，且发展脉络清晰完整，是教育技术学科发展历史的典型代表。一般认为，20世纪初期美国教育领域兴起的视觉教育运动是现代教育技术的开端，而20世纪以来，现代教育技术主要是沿着"视觉教育—视听教育—视听传播—教育技术"这一轨迹发展起来的。在这个过程中，媒体教学技术、个别化教学和教学系统方法逐步融合，直到 20 世纪 60 年代，人们逐渐将教育技术理解为媒体教学技术、个别化教学和教学系统方法三个方面整合的教育技术。

（一）媒体教学技术的发展

1. 视觉教育

19 世纪末到 20 世纪初，科学技术迅速发展，使得照相、幻灯片、无声电影等新技术逐步走向成熟，并逐渐在教育领域中得到应用。从 20 世纪 20 年代开始，美国就有一些电影公司向高校提供教学电影，有些院校也开始自制教育影片和幻灯片、照片等。

随着视觉教育的逐步深入，视觉教育引起了越来越多教育工作者的重视和研究，一些学术团体相继出现。最早使用视觉教育术语的是美国宾夕法尼亚州的一家出版公司。20 世纪初，该公司出版了一本介绍如何拍摄照片、如何制作和利用幻灯片的书——《视觉教育》。20 世纪 20 年代，美国教育协会成立了美国全国教育协会视觉教学部，开始发展自己的学说。明尼苏达大学等学校则开设了与视觉教育相关的课程，相关的学术论著也相继出现。

2. 视听教育

20 世纪 40 年代，美国教育学家爱德加·戴尔（Edgar Dale）提出了视听教育的重要理论，即"经验之塔"理论。戴尔的"经验之塔"理论论述了具体学习经验的重要性，强调抽象的学习经验必须以具体的学习经验为基础，位于"塔"中间部位的各种视听教材比上层的言语和视觉符号更具体、形象，又能突破时间和空间的限制，弥补下层各种直接经验方式的不足。"经验之塔"学说延续了视觉教育的理念，把原先的视觉辅助教育扩充为视听辅助教学，成为当时及后来的视听教育的主要理论根据，但总体上视听教育与视觉教育的概念没有本质上的差异，教育媒体在教育中的应用仍然起辅助教学的作用。

3. 视听传播

20 世纪 50—60 年代是媒体技术迅速发展的时期。在此期间，媒体技术进一步发展，电视这一新技术走向普及，电视教学成为一种新型的教学方式。

同时，语言实验室、程序教学等也运用于教学中，人们开始对各种媒体技术进行综合使用的研究。20 世纪 60 年代以后，卫星电视成为各国普及国民教育最有效的手段。原美国视听教育协会建议将视听教育的名称改为视听传播。同一时期，根据行为主义学习理论"刺激—反应"原理发明的教学机器与程序教学在教育领域出现，这是技术第一次被特别开发以满足教育的需求。此后，计算机技术开始广泛应用于社会的各个领域，随着计算机辅助教学的开展，越来越多的教育工作者进入媒体教学技术这一新兴领域。

4. 教育技术

由于媒体技术的发展和理论观念的创新，国际教育界深感原有视听传播教育的名称已不能代表该领域的实践和研究范畴。20 世纪 60 年代，美国视听教育协会改名为教育传播与技术协会（AECT），并将其实践和研究的领域正式定名为教学技术、教育技术。

（二）程序教学运动与个别化教学的发展

教育技术是随着现代媒体技术在教育中的不断应用而逐渐发展起来的。在教育技术发展的历程中，程序教学运动与个别化教学是推动教育技术学科发展的主要因素之一。20 世纪初，美国出现了各种各样的个别化教学，其中 20 世纪 50 年代兴起的程序教学运动是真正在教育领域有着广泛影响的、技术支持的个别化教学活动。

20 世纪 50 年代，美国著名心理学家、哈佛大学教授 B. F. 斯金纳（B. F. Skinner）发表了《学习的科学与教学的艺术》一文，其中阐述了操作性条件反射和积极强化的学习理论。他认为，人类的学习是一种操作过程，在这种操作性条件作用中，反应经刺激诱发后立即予以强化，形成刺激反应的联结。教学和训练的成功，关键是分析强化的效果及设计精密的操作过程的技术，也就是建立特定的强化对象。为了某一特定的学习目的，精心设计一个刺激和反应过程，使学习者在强化中达到目标。

因此，斯金纳认为，为了使学生对刺激做出符合要求的反应，必须将教材"程序化"，即把教材尽量细分为多个"小步子"，以便能在各个"小步子"

中诱发学习者正确的行为，并即时强化这些反应。所以，斯金纳主张用教学机器控制学生的行为。

20世纪50年代末至60年代初是程序教学运动迅速发展的时期。一方面，各种教学机器纷纷问世；另一方面，程序设计广泛开展，程序教学在广泛的领域内获得了成功。但是，到了20世纪60年代末，由于技术上的局限，教学机器的设计呈现出穷尽的状态，而且无法处理相对复杂的教学内容，于是程序教学一度停滞下来。20世纪70年代后，随着计算机技术的兴起，人们对教学机器的兴趣转向了对计算机辅助教学的研究，将程序教学思想广泛地运用到计算机辅助教学中，计算机成了实现程序教学思想的高级程序教学机。

（三）系统科学的引入与教学系统方法的发展

系统科学主张把事物、对象看作一个系统进行整体研究，探讨事物的各个组成部分、结构和功能的互相联系，通过信息的传递和反馈，有目的地控制系统的发展，以获得最优化的效果。系统科学的思想、观点和方法论是教育技术学重要的理论基础，尤其是20世纪60年代以后，系统科学的思想渗入现代教育技术领域的各个方面，并促进现代教育技术的各个分支融合在一起，从而出现了教育技术学。

在系统科学的影响下，人们开始考虑各种媒体的综合作用，提倡各种媒体的恰当组合，取长补短，以取得优化的效果。将系统科学运用到程序教学中后，程序设计越来越重视从教学的整体进行系统、综合的考虑，包括目标的确定、方法的设计、媒体的选择，以及通过有效的评价实现教学的反馈控制。系统科学的引入深化了程序教学的思想、方法，它的进一步发展逐渐形成了教育技术学的核心思想，即教学开发的系统设计方法。

20世纪60年代，系统方法在教学媒体设计、个别化学习过程设计和教学系统设计中得到广泛应用，使媒体教学技术、个别化教学和教学系统方法三个领域相互交叉。美国教育传播与技术协会在定义教育技术的概念时，把视听教育、个别化教学和教学设计三个领域综合为以系统方法为核心的整体的教育技术领域。

三、现代教育技术的内涵与发展

（一）现代教育技术的内涵

现代教育技术是指运用现代教育理论和现代信息技术，通过对教与学的过程和资源的设计、开发、利用、管理和评价，实现教学优化的理论和实践。现代教育技术来源于教育技术学科，是教育技术学在现代技术环境中的应用，其内涵具体表现在以下四个方面。

1. 现代教育技术以现代教育理论为指导

教育理论包括教学理论和学习理论。对现代教育技术影响较大的现代教学理论有杰罗姆·S. 布鲁纳（Jerome S. Bruner）的"结构—发现"教学理论、赞可夫（Занков Леонид Владимирович）的发展教学理论和尤里·康斯坦丁夫·巴班斯基（Юрий Константинович Бабанский）的教学最优化理论等。对现代教育技术影响较大的学习理论有行为主义学习理论、认知主义学习理论、建构主义学习理论、情境学习理论等。

现代教育技术的应用必须以先进的教育思想和教学理论为指导，树立应用现代教育技术推进素质教育、培养学生的创新精神和实践能力的教育思想，重视应用现代教育理论指导教与学的过程和资源的设计、开发、利用、管理和评价。

2. 现代教育技术以信息技术为主要手段

信息技术是在信息科学的基本原理和方法的指导下扩展人类信息功能的技术。一般来说，信息技术是指与信息的获取、加工、传递、存储、应用等有关的，以计算机、多媒体、互联网与现代通信技术为核心的现代信息技术。信息技术可以分为硬技术（物化技术）与软技术（非物化技术）。前者指各种信息设备及其功能，如电话机、通信卫星、多媒体电脑、移动设备；后者指有关信息获取与处理的各种知识、方法与技能，如计算机软件技术、语言文字技术、数据统计分析技术、规划决策技术等。现代教育技术要充分利用和发挥多媒体与网络技术的优势，形成以多媒体和网络技术为基础的信息化环境和数字化的教学资源。信息技术与课程整合作为信息化教育的主要领域，是现代教育技术在课程教学领域中的应用。

3. 现代教育技术的研究对象是教与学的过程和资源

教育技术学也称为教学技术。作为一门学科领域，教育技术是为了促进学习，对有关资源与教学过程进行设计、开发、利用、管理和评价的理论与实践。现代教育技术既要重视优化"教"，又要重视优化"学"；既要重视"教育资源"，又要重视"学习过程"的研究和开发。通过优化教与学的资源，建设信息化的教学环境，开发信息化教学软件，探索并建构信息化环境下的新型的教学模式。

4. 教学系统设计是现代教育技术的核心思想

现代教育技术是以现代教育理论为基础、以系统方法为核心思想的教育实践与理论，是对教与学的过程和资源进行系统化设计、开发、利用、管理和评价的领域。从教育技术学科的研究范畴来看，教学系统设计（简称教学设计）是该领域的核心方法。在现代教育技术应用中，信息化教学设计是教师进行教育活动必须掌握的基本技能，也是教师开展信息化学习资源与学习过程开发的指导性理论。为了有效运用技术、促进学习，现代教育技术必须重视对教育教学过程中各步骤的系统化设计、开发、利用、管理和评价，力求教学各要素的相互促进与有序进行，并及时进行形成性评价和修正总结。

（二）现代教育技术的发展趋势

随着科学技术的飞速进步、现代教育理论的不断引入，现代教育技术的理论与实践领域不断得到发展。现代教育技术主要发展方向如下。

1. 现代教育技术作为交叉学科的特点将日益突出

教育技术是涉及教育、心理、信息技术等学科的交叉学科。现代教育技术需要技术的支持，尤其是信息技术的支持。作为交叉学科，现代教育技术融合了多种思想和理论，它的理论基础包括教育理论、学习理论、传播学、系统论等。在现代教育技术领域中，上述理论相互融合，以促进人的发展为目标各尽其力。当前，现代教育技术的研究不仅关注数字化的个别化学习，还关注处在信息化环境中的学生之间的协同合作。此外，现代教育技术交叉学科的特性决定了其研究和实践主体的多元化，协作将成为现代教育技术发展的重要特色。现代教育技术领域吸引了来自教育学、心理学、教育技术、计算机技术、媒体理论等不同领域的学者共同研究和实践，开放式的讨论与跨学科合作研究已经成为教育技术学科的重要特色。

2. 现代教育技术将日益重视实践取向的研究

现代教育技术作为理论和实践并重的交叉学科，需要在实践中进行理论研究。目前，信息技术与课程整合作为现代教育技术的重要研究领域，是教育信息化实践的构成基础，这些乃至数字化终身教育体系的建立都强调对现代教育技术实践取向的研究与实践。对此，人们也越来越重视包括信息技术与课程整合、数字化学习、教师培训、教学资源建设、学习支持等在内的实践性理论研究。

3. 现代教育技术将日益关注技术环境下的学习心理研究

随着现代教育技术的发展，技术支持的学习环境将更加体现出开放、共享、交互、协作等特点，适应性学习和协作学习环境的创建将成为人们关注的重点。现代教育技术将更加关注技术环境下的学习心理研究，深入研究技术环境下人的学习行为特征、心理特征、心理影响因素，更加注重学习者内部情感等非智力因素，注重社会交互在学习中的作用。

4. 现代教育技术的手段将日益网络化、智能化、虚拟化

现代教育技术网络化的主要标志是互联网应用的迅速发展。在信息社会中，互联网是进行知识获取和信息交流的强有力工具，它改变了人们的学习、工作和生活方式。基于互联网的远程教育正在发挥着越来越重要的作用。

人工智能是一门研究运用计算机模拟和延伸人脑功能的综合性学科。与一般的信息处理技术相比，人工智能技术在求解策略和处理手段上都有其独特的风格。如今，人工智能与脑科学的一些成果已经在信息化教育教学领域中得到应用。

随着信息技术的发展，教育网络化、智能化、虚拟化的程度将日益提高，并对教学手段、教学方法和教学模式产生了深远的影响。

第三节　教育技术学的学习理论

教育技术学是伴随着技术发展而兴起的综合性应用科学，它综合了多门相关学科的相关理论。从本质上说，教育技术学是为了促进学习而开展的理论与实践，是一门教育学科。教育技术学自成为一门独立学科以来，就重视根据科学的学习理论进行学习过程和学习资源的设计、开发、利用与管理，从而达到促进学生有效学习的目的。纵观教育技术学的学科发展历史，行为主义学习理论、认知主义学习理论，以及正在兴起的客观主义与建构主义学习理论，都为学科的形成和发展提供了坚实的理论基础。信息技术与课程整合作为教育技术学在课程教学领域中的重要应用，理应重视并运用学习理论，将其作为研究与实践的主要理论基础。

一、行为主义学习理论

20 世纪的前半叶，占主导地位的关于学习的概念是以行为主义原则为基础的，学习被看作明显的行为改变的结果，是能够由选择性强化形成的。根据行为主义者的观点，环境和条件（如刺激和影响行为的强化）是学习的两个重要因素，学习等同于行为的结果。

（一）行为主义学习原理

教学设计运动是以行为主义为先导的。早在 20 世纪 20 年代，美国心理学家 S. L. 普莱西（S. L. Pressey）就提出了利用机器进行教学的想法，他还自行设计了一台自动教学机器。运用这台教学机器，可以向学生提供多重选择题形式的练习材料，并能对学生的回答进行跟踪。可惜受当时科学条件的限制，加之没有找到合适的理论指导，这台教学机器未能在教学中得到广泛应用。但是，这台机器的诞生却表明机器辅助教学的思想已经开始萌芽。

作为程序教学的代表人物，美国行为主义心理学派的重要代表人物斯金纳与计算机辅助教学的研究与应用是紧密联系在一起的。在斯金纳看来，行为是人类生活的一个基本方面。因而他一直将行为作为自己的研究对象。他认为，通过对行为的研究，可以获得对各种环境刺激的功能进行分析的方法，从而可以影响和预测有机体（包括人和动物）的行为。

　　根据经典的条件作用学说，让一个中性刺激伴随着另一个已知会产生某一反应的刺激连续重复呈现，直至单凭那个中性刺激就能诱发这种反应，新的"刺激—反应"（S-R）联结就形成了。也就是说，新刺激替代了原刺激。例如，在著名的巴甫洛夫实验中，铃声替代了肉丸引起狗流口水。刺激替代现象在人身上也时有发生，如在课堂讲课时，当教师转向黑板，学生就会拿起笔来准备做笔记，在这一过程中，"转身"这一动作本身并非引起"做笔记"这一反应的原始刺激。然而，在经典的条件作用下建立的联结属于随意性的学习行为，其实这种学习模式对人类学习没有多大帮助，反而会造成一些误导。

　　比较有实际意义的是斯金纳创立的操作性条件作用学说和强化理论。斯金纳在用白鼠和鸽子进行研究后认为，机体并不一定需要接受明显的刺激才能形成反应。他把机体由于刺激而被动引发的反应称为"应激性反应"，机体自身主动发出的反应称为"操作性反应"。操作性反应可以用来解释基于操作性行为的学习，如人们读书或写字的行为。为了促进操作性行为的发生，必须有步骤地给予一定的条件作用，这是一种"强化类的条件作用"。强化包括正强化和负强化两种类型，正强化可以理解为机体希望增加的刺激，负强化则是机体力图避开的刺激。增加正强化物或减少负强化物都能增加机体行为反应的概率，这一发现被提炼为"刺激—反应—强化"理论。这一理论可以用来指导教学工作：在学习过程中，给予学习者一定的教学信息——"刺激"后，学习者可能会产生许多种反应（包括应激性反应和操作性反应），在这些反应中，只有与教学信息相关的反应才是操作性反应。在学习者做出操作性反应后，要及时给予强化，如学生答对时告诉他"好"或"正确"，答错时告诉他"不对"或"错误"，这样一来，在下次出现同样的刺激时，做出错误反应的可能性就会大大降低，从而促进学习者在教学信息与自身反应之间形成联结，完成对教学信息的学习。

当一个刺激重复出现，且都能引起适当的反应时，则称该反应是受刺激控制的。建立刺激控制取决于两个条件：①积极练习，多次练习做出正确反应；②跟随强化，练习后紧接着强化反应。

在操作性条件作用学说和强化理论的基础上，斯金纳提出了程序教学的概念，并且总结了一系列教学原则，如小步调教学原则、强化学习原则、及时反馈原则等，形成了程序教学理论。20 世纪 50 年代后期，斯金纳积极倡导程序教学运动，他自己设计了教学机器，并在军队训练实践中运用程序教学的思想。斯金纳提出了直线式程序教学的模式。他把教学内容分成一组连续的小单元，在学生学习一个新的单元前，必须先回答一些关于前一个单元的问题。如果回答错了，程序或者会为学生提供一些暗示，或者会直接告知学生正确答案，只有通过这一关，且学生真正了解了与前一单元相关的问题的正确答案后，才能进入新的学习单元。程序教学作为组织和提供信息的一种特殊方法，在操作中将预先安排的教材分成许多个小单元，并依据严格的逻辑顺序编制程序，将教学信息转换成一系列问题与答案，从而引导学生一步一步地达到预期的目标。从电动教学机、程序式课本到电子计算机，程序教学可以借助多种不同的媒体来实现。

（二）行为主义设计原则

以行为主义学习理论为基础的程序教学在大量实践的基础上形成了一系列设计原则，这些原则成为早期计算机辅助教学（computer aided instruction, CAI）设计的理论依据，并且在当今的教学设计中仍然起着重要作用。在此对这些原则作简要介绍。

（1）规定目标。将教学期望明确表示为学生能表现的行为，保证行为主义心理学的基本方面 —— 可观测的反应。

（2）经常检查。在课程的学习过程中经常复习和修正，保证能够适当地形成预期的行为。

（3）小步子和低错误率。将学习材料设计成一系列小单元，使单元间的难度变化比较小，达到较低的错误率。

（4）自定步调。允许学生自己控制学习速度。

（5）显式反应与即时反馈。课程中通常包含频繁的交互活动，尽量要求学生作出明显反应，当学生作出反应时应立即给予反馈。

G. 格鲁帕（G. Groper）对行为主义的教学设计原理作了系统性的总结。他将教学过程分为了初期练习、中期练习和终期练习三个阶段，并且确定了用于支持教学过程的六种工具：提示量、学习单元长度、刺激与反应模式、练习任务种类、内容类型及练习频度。这些工具实际上是学习系统的调控变量，适当改变这些变量就能设计出满足许多不同要求的教学程序。

行为主义学习理论在研究中不考虑人们的意识问题，只是强调行为，把人的所有思维都看作由"刺激—反应"联结形成的，这就引起了认知主义理论学派的不满，从而导致了认知主义学习理论的发展。

二、认知主义学习理论

与行为主义学习理论认为学习是行为的结果不同，认知主义学习理论不仅认识大脑的作用，还研究了大脑的功能及其工作过程。

（一）认知主义学习理论的兴起

20 世纪 50 年代，诺姆·乔姆斯基（Noam Chomsky）对斯金纳的《言语学习》提出了尖锐的批评，之后学习心理学经历了一场科学的变革。一般认为，认知主义学习理论的真正形成是以美国心理学家乌尔里克·奈塞尔（Ulric Neisser）20 世纪 60 年代发表的《认知心理学》为标志。人的认知过程是认知主义学习理论的主要研究对象，其研究目标是要说明和解释人在完成认知活动时如何进行信息加工，包括信息的获取、存储、加工、转换等方面。

认知主义学习理论学派认为，学习个体本身作用于环境，人的大脑的活动过程可以转化为具体的信息加工过程。生活在世界上的人既然要生存，必然要与所处的环境进行信息交换；人作为认知主体，相互之间也会不断交换信息。人总是以信息的寻求者、传递者，甚至信息的形成者的身份出现，人们的认知过程实际上就是一个信息加工过程。人们在对信息进行处理时，就像通信中的编码与解码。

随着计算机技术的发展，以赫伯特·A. 西蒙（Herbert A. Simon）为代表的一些学者开始研究运用计算机模拟的方法来模拟人类解决问题的过程，也就是借助计算机及计算机语言描述人类信息加工的过程。他们认为，计算机硬件类似于人的生理活动过程（包括中枢神经系统、神经元、脑的活动），运用计算机语言可以模拟人对信息的初级加工过程，而通过编写计算机程序则可以模拟人类的思维活动。

西蒙与艾伦·纽厄尔（Allen Newell）设计了一个被称为"逻辑理论家"的程序。此程序可以用来证明形式逻辑中的各种定理，成功地模拟了人类的思维过程。后来，他们又设计了一个名为"通用问题解决者"的程序，这个程序大量运用了人类解决问题时所使用的策略，涉及面更加广泛。

（二）认知主义学习理论的基本概念

或许是从计算机的工作原理中得到了启发，大多数认知主义学习理论采取了大脑信息加工的理论假设，由此形成了一系列基本概念。

1. 短时记忆与长时记忆

人的记忆系统由三个存储器组成：感觉登录器、短时记忆和长时记忆。来自环境的刺激经过过滤首先进入感觉登录器，通过选择性知觉，信息被临时存入短时记忆（short-term memory, STM）。STM 是一个过渡性的记忆缓冲器，其容量有限，只能记录 6±2 个信息组块，且只能保持 15 ～ 30 秒。STM 中的信息经过复述和编码过程转化为长时记忆（long-term memory, LTM），长时记忆是一个相当持久的、容量极大的信息库。

2. 知识表征

假定 LTM 中的信息有多种知识表征方式。

命题：最小的信息单位，用于表示概念、定义等陈述性知识。

产生式：类似于计算机语言中的"if-then"语句，用于表示过程性知识。多个产生式可以联结成产生式系统，是推理系统的基础。

心像：知觉的信息表征。

图式：先验知识组成的网络。

3. 编码与提取

大多数认知主义心理学家认为，信息一旦被编码并存入 LTM 中就不会丢失。接下来的问题是如何从 LTM 中成功提取（检索）信息，这取决于信息编码的质量和检索方法的好坏。对编码和检索起关键作用的认知过程有细化、组建和活性扩散。

4. 认知负担

认知负担是学生学习时必须加工的信息量，它取决于学生的 STM 的容量、先验知识和课程内容的含义，也与课程的教学步调、编码要求及学生对课程内容的熟悉程度有关。如果待学内容是学生比较熟悉的，那么他们的认知负担就较轻。

5. 元认知

元认知是学习者对自己认知过程的自觉意识，是通过对自己所用认知加工策略效验的不断监测来选择、评价与修正认知策略的能力。这种能力允许学习者检出无效策略，评估特定任务的认知加工要求，以及修正当前策略，甚至产生全新的策略。

6. 知识状态

认知主义学者力图使学习达到可持续、可迁移和自我调控的状态，实现从生手到专家的转变。在这一转变过程中，要经历增生、重建和调整三种知识状态，学习活动的安排应尽可能与学习者的知识状态相符。增生本质上属于事实和新知识的积累阶段。重建是将新获得的事实进行蓄意组构，从而沟通新信息和先验知识之间的联系。在调整阶段，学习者提炼他们的知识储备，基本达到反应自动化的程度。

（三）认知主义的教学设计原则

有人对行为主义与认知主义的教学设计思想差别作了简单的概括：行为主义致力于寻求教学事件与学习结果二者之间的关系，而认知主义则力图寻求教学事件、记忆结构和学习结果三者之间的关系。

认知主义学习理论在形成之初就从与行为主义学习理论不同的角度来探讨学习。在他们看来，环境的刺激是否受到注意或被加工，主要取决于学习者的内部心理结构。个体在以各种方式进行学习的过程中，总是不断地修正自己的内部结构。认知主义学习理论促进了 CAI 向智能教学系统的转化，人们通过对人类思维过程和特征的研究，建立了人类认知思维活动的模型，使得计算机在一定程度上完成了人类教学专家的工作。

以认知主义学习理论为依据，专家提出了一系列指导教学设计的原则：用直观的形式向学习者展示学科内容结构，应该让学习者了解教学内容中涉及的各类知识元之间的相互关系；学习材料的呈现应适合学习者的认知发展水平，依据由简到繁的原则组织教学内容，这里所说的由简到繁是指由简化的整体到复杂的整体；理解性学习有助于知识的持久和迁移；向学生提供认知反馈可以确认他们知识的正确性和纠正他们在学习中的错误知识，虽然行为主义学习理论也强调反馈的重要性，但认知主义学习理论一般将反馈看作一种假设检验；学习者自定目标是学习的重要促进因素；学习材料既要以归纳序列提供，又要以演绎序列提供；学习材料应体现辩证冲突，适当的矛盾有助于引发学习者的高水平思维。

三、客观主义与建构主义

尽管建构主义通常被理解为 20 世纪中后期兴起的学习心理理论，但从认识论的角度来看，存在两种比较对立的哲学观点：客观主义与建构主义。

（一）客观主义的学习现

客观主义认为，世界是实在的、有结构的，而这种结构是可以被认识的，因此存在关于客观世界的可靠知识。人们思维的目的是反映客观实体及其结构，由此产生的意义取决于现实世界的结构。由于客体的结构是相对不变的，因此知识是相对稳定的，并且存在判别知识真伪的客观标准。教学的作用便是将这种知识准确无误地传递给学生，学生最终应从传递的知识中获得相同的理解。教师是知识标准的掌握者，教师应该处于中心地位。

行为主义学习理论和认知主义心理学的信息处理过程，两种理论之间虽然存在冲突，但有一个共同点：以客观主义认识论为基础，形成于客观主义传统，即认为世界是现实的、外在于学习者的。在客观主义者看来，知识是不依赖于人脑而独立存在的具体实体，只有当知识完全"迁移"到人的"大脑内部"，并进入人的内心活动世界时，人们才能获得对知识的真正理解。虽然行为主义和传统的认知科学存在许多区别，但是二者对知识的本质、组成、来源、发展及应用存在许多共同的假定。它们都试图分析、分解并且简化学习，使学习更容易，同时提高教学的效率和效果。行为主义和认知技术的目的都是将外部的现实映射给学生，将大众在文化上普遍接受的知识传递给学生，而不是要求学生建构他们自己对于世界的意义的认知体系。传统的、行为的及认知的模型都是假定的，我们都能够对知识有统一的认识，并且都使用相同的过程获得这些知识。

进入20世纪90年代，客观主义认识论遭到了来自建构主义认识论的挑战。建构主义认为，"实在"不过是人们的心中之物，是学习者自己构造了实在或至少依据他的经验解释了实在。学习者的知识应该是他们在与环境的交互作用中自行建构的，而不是灌输的。其实，建构主义理论作为认识论可以追溯到古代哲学家苏格拉底和康德的理论，作为学习理论可以与著名心理学家皮亚杰、维果茨基和布鲁纳等人的理论相联系。但真正将其作为一种学习观与教育技术结合起来，却是近些年的事。建构主义和客观主义常被当作教学理论连续体中的两极加以对比。例如，戴维·H.乔纳森（David H. Jonassen）将程序教学（PI）、教学设计（ID）、智能导师系统（ITS）及皮亚杰的认知发展理论放在客观主义—建构主义连续体中，认为客观主义的另一端是建构主义。

可见，客观主义偏重于教的方面，而建构主义则特别侧重于学的方面。

（二）建构主义的学习观

建构主义的学习观可以概括为以下三个方面。

1. 学习是一种建构的过程

知识来自人们与环境的交互作用。学习者在学习新的知识单元时，不是通过教师的传授来获得知识，而是通过个体对知识单元的经验解释将知识转变成自己的内部表述。知识的获得是学习个体与外部环境交互作用的结果，人们对事物的理解与其先前的经验有关，因而对知识正误的判断是相对的，而不是绝对的。学习者在形成自己对知识的内部表述时，不断对其进行修改和完善，形成新的表述，因而这一内部表述是一个开放的体系。学习者在对知识单元进行学习时，实际上是形成了一个个知识体，每一个知识体就是一个小结构，一个新的知识单元的学习是建立在原有的知识结构的基础上的。

2.学习是一种活动的过程

学习过程并非一种机械的接受过程，在知识的传递过程中，学习者是一个极活跃的因素。知识的传递者不仅肩负着传递知识的使命，还肩负着调动学习者积极性的使命。学习者有许多开放的知识结构链，教师要能让其中最适合追加新的知识单元的链活动起来，这样才能确保新的知识单元被建构到原有的知识结构中，形成一个新的开放结构。

学习的发展是以人的经验为基础的。由于每一个学习者对现实世界都有自己的经验解释，因而不同的学习者对知识的理解不完全一样，从而导致有的学习者在学习中获得的信息与真实世界不吻合。此时，只有通过社会"协商"，经过一定时间的磨合才可能达成共识。

既然学习者对外部世界的理解可以是各异的，那么教学评价应该侧重于学生的认知过程，而不是行为的产品（学习结果）。

3.学习必须处于真实的情境中

学习发生的最佳情境不应该是简单抽象的，相反，只有在真实的情境中学习才能变得更加有效。学习的目的不仅是让学生懂得某些知识，还要让学生能真正运用所学知识去解决现实世界中的问题。

在一些现实世界的情境中，学习者的知识结构怎样发挥作用，学习者如何运用自身的知识结构进行思维，是衡量学习是否成功的关键。如果学生在学校教学中对知识记得很"熟"，却不能用它来解决现实生活中的某些具体问题，这种学习就是不成功的、无效的。

（三）建构主义教学设计原则

建构主义认为学习者只能根据他们自己的经验解释信息，并且他们的解释在很大程度上是因人而异的，这就对传统的教学设计理论提出了挑战。行为主义教学理论注重外部刺激的设计，认知主义教学理论着眼于知识结构的建立，而建构主义教学理论则特别关心学习环境的设计。从建构主义认识论和学习观出发，教育专家得出了一系列基于建构主义教学理论的教学设计原则：

第一，所有的学习活动都应该与重大的任务或问题挂钩。也就是说，学习活动应该带有明确的目的性，学以致用。

第二，支持学习者发掘问题，将问题作为学习活动的刺激物，使他们能够自愿学习，而不是强加给他们学习目标和以通过测试为目的。

第三，设计真实的学习环境，让学生带着真实的任务进行学习。所谓真实的环境并不一定是真正的物理环境，但必须使学生能够经历与实际世界中类似的认知挑战。

第四，设计的学习情境应具有与实际情境相近的复杂程度，避免降低学习者的认知要求。

第五，让学习者拥有学习过程的主动权。教师的作用不是主观武断地控制学习过程，限制学习者的思维，而是为他们提供思维上的挑战。

第六，为学习者提供能够给予其有效援助的学习环境，倡导学习者拥有学习过程的主动权并非意味着他们的任何学习活动都是有效的、正确的。当他们遇到问题或偏离学习方向时，应给予他们有效的援助和支持。教师的作用不是提供答案，而是提供示范、辅导和咨询。

第七，鼓励学习者体验多种情境，验证不同观点。个人理解的质量和深度取决于社会环境，人们可以互相交换想法，通过协商趋向一致，因此应该鼓励各种合作学习。

总之，多种教学理论的引入表明教育技术作为一门新兴学科正在日趋成熟。新理论的出现并不意味着旧理论的失效，恰恰相反，它们在很大程度上是互补的。全面了解各种理论的应用价值，合理利用它们，是实现信息技术与课程有效整合的必要条件。

第二章

高校教师信息化教学能力构成

第一节 现代信息化教学

一、现代信息技术与教学模式

（一）信息技术与课程整合

1. 信息技术与课程整合的定义和内涵

所谓信息技术与课程整合，就是通过将信息技术有效地融合于各学科的教学过程来营造一种信息化教学环境，实现一种既能发挥教师主导作用，又能充分体现学生主体地位的以"自主、探究、合作"为特征的教与学方式，从而把学生的主动性、积极性、创造性充分地发挥出来，使传统的以"教师为中心"的课堂教学结构发生根本性变革，即由"教师为中心"的教学结构转变为"主导—主体相结合"的教学结构。其内涵包含三种基本属性：营造信息化教学环境、实现新型教与学方式、变革传统教学结构。

2. 信息技术与课程整合的理论

指导信息技术与课程整合的先进教育理论包括支持以教师讲授为主的学与教理论，也包括支持以学生自主探究为主的学与教理论，还包括"教学结构理论"。

所谓教学结构，是指在一定的教育思想、教学理论和学习理论指导下的，在某种环境中展开的教学活动进程的稳定结构形式。它将直接反映教师按照什么样的教育思想、教学理论来组织自己的教学活动进程，是教育思想、教学理论、学习理论的集中反映，也是教学系统四个要素（教师、学生、教学媒体、教学内容）相互联系、相互作用的具体体现。

信息技术与课程整合的实质是要改变以教师为中心的教学结构，创建新型的、既能发挥教师主导作用又能充分体现学生主体地位的"主导—主体相结合"的教学结构，以便激发学生的主动性、积极性与创造性，从而使创新人才培养的目标真正落到实处。

在过去很长一段时间里，人们把在教学中应用的信息技术看成演示工具，关注单纯事物的演示和知识的呈现，而没有充分发挥信息技术的优势，忽视信息技术与课程的有效整合，更没有认识到信息技术与课程整合的实质是要改变传统的教学结构。

3.信息技术与课程整合的有效途径与方法

信息技术与课程整合的有效途径与方法如下：①要运用先进的教育理论（特别是新型建构主义理论与奥苏贝尔理论）来指导"整合"；②要紧紧围绕"主导—主体相结合"的新型教学结构的创建来进行整合；③要运用"学教并重"的教学设计理论、方法对"整合"课进行教学设计；④要重视各学科教学资源的建设和信息化学习工具的收集与开发——这是实现信息技术与课程整合的必要前提；⑤要结合不同学科特点建构能支持新型教学结构的教学模式。

4.信息技术与课程整合的教学模式

新型教学结构的形成要通过全新的教学模式来实现。由于"信息技术与课程整合"也就是"信息技术与学科教学整合"，而学科教学过程涉及三个阶段：一个是与课堂教学环节直接相关的"课内阶段"，另外两个是"课前"与"课后"阶段（两者可合称为"课外阶段"）。因此，基于信息技术与课程整合的教学模式只有两种，即依据所涉及的教学阶段来划分的"课内整合教学模式"与"课外整合教学模式"。

我国学者比较关注"课内整合教学模式"，并在这方面取得了一批颇受广大教师欢迎的成果。由于课堂教学涉及不同的学科、不同的教学策略和不同的技术支撑环境等因素，所以实现课内整合的教学模式分类要复杂一些。例如：按学科划分，有数学、物理、化学、语文、历史、地理等不同学科的课内整合教学模式；按教学策略划分，有自主探究、协作学习、演示、讲授、讨论、辩论、角色扮演等不同策略的课内整合教学模式；按技术支撑环境划分，则有基于网络、多媒体、软件工具、仿真实验等不同技术支撑的课内整合教学模式。

（二）新型教学模式

教学模式是指在一定的教育思想、教学理论和学习理论指导下的，在某种环境中展开的教学活动进程的稳定结构形式。教学模式包含着一定的教学思想，以及在此教学思想指导下的课程设计、教学原则、师生活动结构、方式和手段等。在一种教学模式中可以集中多种教学方法。

信息化教学的核心是信息技术与课程的整合，因此信息化教学模式主要指信息技术与课程整合的教学模式。信息技术与课程整合的教学模式可按教学阶段划分为两种：课内整合教学模式与课外整合教学模式。

这里将对目前国内外常用的两种课内整合教学模式（传递—接受教学模式、探究性教学模式）和三种课外整合教学模式（研究性学习教学模式、WebQuest 教学模式、JiTT 教学模式）做简要介绍。

1. 传递—接受教学模式

传递—接受教学模式的产生背景和美国著名教育心理学家戴维·P. 奥苏贝尔（David P. Ausubel）提出的有意义接受学习理论有直接的关系。

所谓传递—接受教学模式，是指在教学过程中教师主要通过口授、板书、演示，学生则主要通过耳听、眼看、手记来完成知识与技能传授，从而达到教学目标要求的一种教学模式。

在这种教学模式中，教师的主导作用体现在：激发学习者的学习动机；选择适当的教学内容与教学媒体；运用先行组织者策略，以帮助学习者建立起新旧知识之间的有意义联系；选择与设计适当的自主学习策略和协作学习策略，以促进学习者对知识意义的自主建构、深入理解和应用迁移。学习者在学习过程中的主体地位则体现在：积极主动地建立起新旧知识之间的有意义联系，从而获得对新知识的理解；与此同时，新知识将通过"同化"被吸纳到原有认知结构中，使原有认知结构得以扩展。

传递—接受教学模式的基本特征是"以教为主"。其具体表现为：一是特别强调充分发挥教师在教学过程中的主导作用；二是对于学生在学习过程中的主体地位虽然关注，但关注程度不高。

这种教学模式的实施步骤依次为：实施先行组织者策略，介绍与呈现新的学习内容，运用教学内容组织策略，促进对新知识的巩固与迁移。

2. 探究性教学模式

探究性教学模式是指在教学过程中，要求学生在教师的指导下，通过以"自主、探究、合作"为特征的学习方式，对当前教学内容中的主要知识点进行自主学习，深入探究并进行小组合作交流，从而较好地达到课程标准中关于认知目标与情感目标要求的一种教学模式。

探究性教学模式的基本特征是"主导—主体相结合"，既高度重视教师在教学过程中的主导作用，又充分体现学生在学习过程中的主体地位。

探究性教学模式的成功实施涉及两个方面，既要充分体现学生在学习过程中的主体地位，又要重视发挥教师在教学过程中的主导作用。离开其中的任何一方，探究性学习都只能无果而终，不可能有良好效果。

这种教学模式的实施步骤依次为：创设情境、启发思考、自主学习与自主探究、协作交流、总结提高。

3. 研究性学习教学模式

"研究性学习"一般是指结合实际的科学研究活动来进行学习。具体来说是指这样一种学习方式：学生在教师指导下，从自然界或社会生活中选择某个真实问题作为专题去进行研究，要求学生在研究过程中主动获取知识，并应用所学知识去解决选定的真实问题。

所谓研究性学习教学模式（也称专题研究性学习教学模式），实际上是在教师的组织与指导下，将上述研究性学习方式与学科的教学过程相结合而形成的一种全新教学模式。

研究性学习教学模式通常包含以下五个教学环节：提出问题、分析问题、解决问题（通过深入调查研究和广泛收集信息，形成解决问题的初步方案；通过小组协作交流，进一步优化解决问题的方案）、实施方案、评价总结（包括形成性评价、终结性评价，以及自我总结、小组总结、教师总结）等。

研究性学习教学模式具有以下几方面特征：一是强调学习的研究性；二是强调学习的实践性；三是强调学习的体验性；四是强调学习的自主性；五

是强调学习的开放性。也即研究性主要体现"研究性学习"在"学习目的"方面的特征。

对知识、技能的学习，不仅要能从原理、概念上认识与理解，而且要能够真正掌握，即能运用所学的知识技能去解决自然和社会中的真实问题。对此，就必须在科学研究的过程中（解决真实问题的过程中）进行学习，体验性主要反映研究性学习在"认知"方面的特征。不仅要重视理性认识，也要重视感性认识，只有完成上述"三个阶段、两个飞跃"的完整认识过程（认知过程），才有可能全面而深刻地认识并掌握客观事物的规律。自主性体现出研究性学习在"学习方式"上的特征；而从研究性学习在"学习内容"方面的特征看，则主要体现在实践性与开放性上。

这种教学模式的实施步骤依次为：①提出问题；②分析问题；③解决问题；④实施解决问题方案；⑤总结提高。

4. WebQuest 教学模式

WebQuest 教学模式是由美国圣地亚哥州立大学伯尼·道奇（Bernie Dodge）教授等人于 20 世纪 90 年代开创的，是依托网络的强大信息资源优势来培养学习者探究能力的一种教学模式，也称为网络主题教学。

在 WebQuest 教学过程中，教师需要为学生学习搭建合理而有效的知识建构框架，以引导学生学会合作、探究、交流的思维方法。

WebQuest 是一种"专题调查""专题研究""专题探索""专题导向"的教学活动，在这类教学活动中，部分或所有与学生互相作用的信息均来自互联网上的资源。为了使学生明确学习目标，在网上充分利用时间，避免漫无目的的任意冲浪，每个 WebQuest 教师都会经过精心设计选定一个教学主题，并给予学生明确的方向，给学生一个有趣且可行的学习任务，帮助学生明确在实现目标的过程中需要做哪些事情及先后顺序等。一个好的任务应该具有挑战性、可行性和趣味性，同时提供必需的、能够指导他们完成任务的资源，而且还告诉他们将来的学习评价方式，以及概括和进一步拓展课程的方式。

一个好的 WebQuest 教学主题要有强大的网络信息的支持。借助网络，教师能够展示所要传授的知识给学生或者让他们自己去认知知识，而不是直接告诉他们。网络可以把学生带到世界上任何一个地方。

WebQuest 是一种允许学生依据自己的设想和步骤，既可以以个人，也可以以小组形式学习的方法。WebQuest 使学生更深入地在选定的范围内进行探索，一个经过恰当设计的 WebQuest 能够帮助学生成为富有创造性的研究者。

WebQuest 教学模式具有课内外结合、多课时结合、多学科结合、多人次结合和多形式结合（上网搜索资料、资料库查询资料、光盘查找资料、图书馆翻阅资料等）的特点。

WebQuest 教学模式对教师有一定的要求：①具有一定的网络知识，如上网、浏览、搜索引擎的应用、网站的筛选、资料的下载等；②掌握一定的信息技术处理工具的使用方法，如 Word、网页制作、多媒体课件的制作等；③ E-mail 的发送和接收；④能运用网上资源创设教学情境，提供资源。

道奇提出的 WebQuest 教学模式，实施步骤如下：设计一个合适的课程单元；选择一个能促进高级认知发展的任务；开始网页设计；形成评价；拟定学习活动过程；以文字形式记下所有活动内容，以供别人借鉴；检查并改进。除此之外，在多年实际推广应用 WebQuest 的过程中，还形成了其他一些实施步骤或实施环节，如包含引言、任务、过程、资源、评价、总结六个步骤的 WebQuest 模式，或者包含引言、任务、过程、评价、结论五个环节的 WebQuest 模式。

5. just-in-time teaching（JiTT）教学模式

JiTT 教学模式（国内翻译为"适时教学"或"及时教学"）是 20 世纪末在美国高校本科教学中出现的一种新型的教与学策略。由于这种教与学策略必须在网络环境下（要有信息技术手段的支持）才能够实施，所以基于 JiTT 的教学过程也被称为信息技术与课程整合的一种教学模式，简称 JiTT 模式。

G. 诺瓦克（G. Novak）等人为"适时教学"给出的定义是：just-in-time teaching 是建立在"基于网络的学习任务"和"学习者的主动学习课堂"二者交互作用基础上的一种新型教与学策略。

"基于网络的学习任务"要求学生在课前依据教师精心设计的预习要求，

在网上完成教师指定的预习任务，写下自己对预习内容的理解，并通过电子邮件在课前反馈给教师。预习内容事先由教师制作成网页放在网络上，以便学生随时查看。教师在课前要及时通过网络检查学生就指定预习内容提交的反馈，然后根据反馈了解学生对即将在本节课上讲授内容的理解程度和存在的问题，对本节课的教学设计做出适应性调整，在此基础上实施有针对性的、切合实际的教学，以达到适应不同学习者的认知发展水平与认知发展特点的目标。这正好体现出适时教学名称的本意（一种适合时宜的、能适应学习者发展时机与特点的教学）。

在 JiTT 教学模式中，还有一种"基于网络的学习任务"是在课后开展的"难题探究"，其作用主要是促进学生高级、复杂认知能力的发展。

"学习者的主动学习课堂"，其主要形式是在教师已经实施上述有针对性的、比较切合实际的教学基础上，开展各种各样的讨论与辩论，包括教师和学生之间、学生和学生之间、全班性的或小组的讨论与辩论。在这些讨论与辩论过程中，通常还要穿插一些角色扮演、操练与练习，甚至是演示或实验等活动；开展这些讨论与辩论，以及穿插其他一些活动的目的，不仅是促进学生对知识与技能的深入理解与掌握，更重要的是试图真正营造出"学习者的主动学习课堂"，从而充分调动每一位学习者在学习过程中的主动性、积极性和创造性，并彻底改变传统教学中学习者总是处于被动接受和被动灌输的局面。

JiTT 教学模式的实施步骤依次为：①教师在网上发布课前预习内容；②学生在课前认真预习并向教师反馈；③教师根据学生的反馈对教学做出适应性调整并加以实施；④创设"学习者的主动学习课堂"；⑤促进学生高级、复杂认知能力的发展。

（三）现代信息化教学的特征

信息化教学的表层特征是信息技术的应用，本质特征是变革传统的教学结构，涉及人才观、教育观、学习观、教学观、技术应用观、评价观等方面的系列变化。从信息技术的应用上讲，信息化教学的基本特征是教学的数字化、网络化、智能化和多媒体化。从教学的实现过程上讲，信息化教学具有教材多媒体化、资源全球化、教学个性化、学习自主化、活动合作化、管理自动化、环境虚拟化等显著特点。从学习文化角度上讲，信息化教学具有学习目的重能力化、学习内容跨学科交叉化、学习对象大众化、学习方式个性化和多样化、学习时间终身化、学习空间虚拟化、学习环境开放化和国际化、学习评价绩效化等特征，学生是学习的主体和探究者，教师是学习过程的组织者与指导者、意义建构的进行者和帮助者。

（四）信息化教学教师角色

信息化教学条件下，教师的教学手段有了更加多样性的选择。基于计算机的智能教学系统、基于多媒体的虚拟现实情境，以及基于网络通信技术的远程教育手段，在增强教师教学效果的同时，也改变着教学模式。

教育理念的革新使教师角色的转变成为必然。伴随着信息技术的不断发展，教育理论也发生了重大变革。"以教为主"的教学理念逐渐被"学教并重"的教学理念取代。教育目标也从重视传授知识向注重培养创新人才转变，这都迫使教师必须重新审视自身的角色定位和角色的转变。

1.控制者向引导者转变

信息化教学中，教师从"独奏者"的角色过渡到"伴奏者"的角色，教师的主要任务不再是传授知识，而是帮助学生去发现、组织和管理知识，引导他们而非塑造他们。教师不仅要促进学生的学习，还要发展他们的好奇心、批判性思维、创造性、首创精神和自我决心。

学生的学习是一个积极主动的知识建构的过程，教师应当成为知识建构的引导者，帮助学生去获取有用的信息，并对信息进行加工处理，引导学生建构适合自己的知识体系，在建构知识体系的同时，学会获取信息、处理信息，并发展学生各方面的能力。因此，教师的角色就必须从控制者转变为引导者，推动学生不断开拓创新，发展完善自己。

2.局外者向参与者转变

课堂教学的信息与情感不是教师向学生单向传输的过程，而是一个师生互动、意义建构的过程，是师生之间的双向传输过程。教学过程中应从弱化教材的权威性，弱化教师一言堂的地位出发，尊重教学双方的内部情感体验及价值，追求主体间平等的对话语境，实现真正自由的师生对话、交流和互动。这就要求教师懂得关怀的艺术，创造出让学生获得学习自由感的机会，感受到教师对自己的接受与关注，唯有在这种状态和关系里，学生才能发挥学习潜力和创造力，在教学过程中享受学习。

3. 传输者向创造者转变

教师的劳动具有创造性和复杂性，从一个新教师成长为专家型教师，其间有一个成熟的过程，在这个过程中教师不仅是信息传输者，还是独特的创造者，能够获得富于学术和专业成果的生命价值。教师的能力正在从传递力向创造力转变，由一个单纯的传输者转变为一个独特的创造者，并在创造中享受教学的快乐。

教师不应只满足于如何有效地传递现有的教材教学内容，而应在谋求学生独立解决问题的学习中，为学生创设新的学习情境。

4. 教育者向学习者转变

教师的工作性质决定了教师是一个终身学习者。世界的发展日新月异，科学技术、文化艺术每天都在发生着令人惊异的变化。因此，21世纪的专业教师既要当先生，又要当学生，不仅要进入终身学习的角色，还要以终身学习者的角色进入教学过程中。

英国著名的课程论学者劳伦斯·斯坦豪斯（Lawrence Stenhouse）认为，课程本质是一种艺术，艺术的本质是一种探究。这就要求教师必须具有探究、创新的精神，不断地学习，真正实现教无止境、学无止境、教学相长。教师会因为学生的成长而获得成功与幸福的体验，实际上这就是教学相长的魅力。

二、信息化教学设计变革

（一）信息化教学学习方式变革

随着社会的进步和信息技术的发展，学生的学习正从以学科为基础的学术性课程学习转变为跨学科、多学科的综合性课程学习，不仅要学习知识，还要学习生活技能、工作技能、交流技能，让学习成为适应多变的社会、文化背景及就业市场所需能力的综合型学习。

信息技术通过转变传统的学习方式来提升或改变人们的学习方式，具体表现在：信息技术促进他主学习向自主学习、理解性学习转变；信息技术促进个别学习向协作学习、体验性学习转变；信息技术促进接受学习向质疑性学习、探究性学习转变；等等。

（二）信息化教学设计

信息化教学设计是在先进的教学理论指导下，根据时代的新特点，以多媒体和网络为基本媒介，以设计问题情境、促进学生问题解决能力发展的教学策略为核心的教学规划，目的在于激励学生利用信息化环境进行协作探究、实践、思考、综合运用、问题解决等高级思维活动，以培养学生的创新精神和实践能力。

信息化教学设计是"学教并重"的教学设计，主要基于建构主义教学理论的指导，强调学生既是认知活动的主体，又是知识意义的主动建构者。信息化教学设计主要包括以下五个环节。

1. 教学目标分析

教学目标分析是为了确定学生学习的主题，即与基本概念、基本原理、基本方法或基本过程有关的知识内容，对教学活动开展后要达到的目标做出一个整体描述，描述中应该包括学生通过相关的学习将学会什么知识和获得什么能力，会完成哪些创造性产品、获得哪些潜在的学习结果。

2. 学习情境创设

基于特定的教学目标，将学习的内容（包括学习中的疑问、项目、分歧等）安排在信息技术和信息资源支持的比较真实或接近真实的活动中，支持学校的学科教学活动。

3. 学习环境设计

学习环境设计主要表现为学习资源和学习工具的整合活动。学习资源是一个非常庞杂的概念，通常包括人、材料、工具、设施和活动五大要素。学习环境设计中，资源是支持任务学习或问题研究的必备条件之一。在设计时，教师为了帮助学生充分理解问题，需要向学生提供相关的信息资源。

4.学习活动设计

学习活动可以是个体的，也可以是群体的。学习目标的实现，必然以学习任务的完成来表现，因此学习活动设计的核心是对学习任务的设计。一般来说，设计学习任务应该具有一定的难度和复杂性，具有一定的真实性和开放性，通过规定学生需要完成的任务目标、成果形式、活动、活动策略和方法来引发学习者内部的认知加工和思维，从而切实促进学习者的发展。

5.学习评价设计

学习评价设计是信息化教学设计的一个重要环节，评价内容主要包括三个方面：自主学习能力、合作学习能力和是否达到意义建构的要求。评价有诊断性评价、形成性评价和终结性评价。信息化学习中，大部分活动都是基于网络、数字化信息在教学中的应用，因此信息化教学设计中尤其重视利用各种先进的技术方法对学习过程与结果进行评价。

（三）信息化教学师生互动

大学教学活动具有明显的探究性特点，学生有独立的思维能力，开展讨论式互动教学本来应该是有很好的土壤，但一些教师忽视了这些特点，教学往往局限于书本内容，局限于陈旧的知识，无法启发学生的创新性思维。

课堂讨论是教学信息交换的最好形式，是一种立体式教学方法，能提高教师教的质量和学生的思辨能力。让学生在参与讨论的过程中，自然地走进问题，思考问题，解决问题，激发学生思考的同时，促使学生对所学内容进行深入探究，从而达到深刻理解的目的。

1.讨论开始

讨论开始的方式很关键，要明确告诉学生讨论的规则，学生可以随意表达自己的见解、怀疑和无知，如果规则交代不清，学生可能会感受到威胁，可能讨论的开始就是讨论的终结了。随后，教师说明讨论内容或项目的目的，提出一些启发性的问题，说明一个问题，或者描述讨论可能得到的结果。教师应该避免提出只有一个答案的问题，避免最先讲出自己的看法或观点，避免泛泛地提出问题。

2.如何对待讨论中的冲突观点

生动激烈的讨论活动，必然会伴随矛盾冲突或意见不一致。处理好讨论中的意见冲突，可能是学生进一步学习的潜在动力；处理不好，不仅没有效果，还可能伤害到学生。教师在讨论中对所有方面做出公平反应是十分重要的。

3.讨论中引导学生学会解决问题的能力

课堂讨论中，教师不仅要让学生掌握一定的知识，还要引导学生体验解决问题的过程，学会解决问题的办法。

4.讨论的最后进行总结

讨论后，教师可以把基于讨论的各种观点组织起来，找到相互之间的一定关系，提出富有内在逻辑性的、达成共识的观点或结论，让讨论结果水到渠成。教师在总结时，要简要陈述讨论过的观点，对讨论中做出贡献的学生予以肯定和表扬。可以将讨论过的各种观点写在黑板上，总结的时候要能更好地完成各观点之间的整合和提升。因此，教师既是组织者，又是倾听者和记录员，只有这样，总结才会在学生讨论的基础上生成。

三、现代信息教学手段

（一）多媒体教学技巧

1.认识多媒体教学

多媒体的运用只是辅助教学活动的开展，帮助教师优化教学过程，是一种辅助性的教学手段。在以教师为主导、学生为主体的教学中，教师仍然应该将大量的精力投入教学内容中，深入钻研教材，精确、合适地应用多媒体技术，有选择性、针对性地设计制作多媒体课件。

多媒体教学仅仅是教学方式中的一种手段，并不能代替或替换教学中的启发式、讨论式、传授式等教学方式。课堂教学中运用多媒体教学，只是优化了教学方法，只有把多媒体教学手段有机地结合到教学方法中，才能更好地、更有效地提升教学效果。

多媒体教学方式不能完全代替传统的教学方式，应该利用多媒体技术提供的良好教学环境，以教师为主导，将现代的多媒体教学手段与传统教学方式结合起来，优势互补，组合教学，提升教学质量。

2. 课程教学要灵活

多媒体辅助课堂教学，真正体现在"辅助"二字上，可以通过多媒体创设课堂教学情境，激发学生的学习兴趣，增强学生的自信。要达到这一目的，还需充分认识教学的主体是学生，与学生建立融洽的师生关系，改变过去传统教学中教师是主体，是课堂管理者，而学生是客体的陈旧观念，教师要成为学生学习的组织者、引导者、促进者和帮助者。

改变教学模式，实现因材施教。教育技术的运用，改变了传统教学的单一教学模式和教学组织形式。在教学中除了班级教学外，还可以适当应用小组教学、网络辅助教学等方式，让学生的主体作用在教学中得到发挥。

3. 运用多媒体的原则

（1）最优化原则

在课堂教学内容过多时，教师对教学资源的选取应充分考虑最优化原则，没有必要将收集到的丰富教学资源全部放入教学设计中，而是应该围绕自己讲授内容的重点、难点和教学对象，精心选择那些具有针对性、科学性、思想性、说服性、时代性的教学资源放进多媒体教学课件中，学会取舍，突出重点，防止资源"泛滥成灾"。

（2）学生主体原则

现代教学理论认为，学生不仅是教学对象，更是教学的主体，应尽可能调动学生学习的主动性，让学生最大限度地介入学习过程。教师在运用多媒体时，教学设计要突出中心，明确主题；运用美观的画面、生动的视频等教学素材吸引学生的注意力，激发学习兴趣，加深学生对教学内容的理解；通过设置适当的情境，诱发学生积极思考，主动探索。

（3）合理利用原则

每一种媒体都具有一定的自身特性，没有一种媒体可以适应所有的教学目标。使用和选择媒体时，应注意扬长避短，做到"物尽其用"，充分发挥各媒体的各自优势。

（二）多媒体课堂提问技巧

多媒体课堂教学承载了大量的教学信息，很容易忽视了个性化教学和学生的主动学习性。提问就是弥补多媒体课堂讲授式教学的有效方法之一，有效的提问可以使教师与学生之间展开真诚的对话交流，共同建构知识。提问时应注意以下问题。

1. 提问的方式

教师提问时要注意方式，可以根据教学内容的需要、教学进度和课堂当时情景采取设问、反问等多种方式。

2. 提问的引导

提问时，教师应注意引导、启发学生思维，也可以引入一些网络上的看法和观点，引发学生的思考。

3. 提问的时机

教师提问时要把握好时机，选择教学过程中有利于激发学生思考和探究的时机。例如，在导入课程阶段、教学重难点阶段或在播放一段视频教学素材后，为加深学生对知识的理解和印象进行适当的提问。提问并不是越多越好，提问的频率要视具体的教学内容、教学情境和多媒体教学素材而定。只有能提高教学效果的提问才是有效的；否则，不仅多余，还会引起学生的紧张情绪。

4. 对问题总结

教师在提出问题后，并不是把问题抛给学生就完了，还应与学生交流，对学生的回答进行总结，总结应以鼓励的方式，力求在关照学生不同观点的基础上，得出一个科学的结论。

（三）多媒体教学的思考

多媒体技术作为教学的重要辅助工具，为教学带来了活力。教学中使用的多媒体与其他所有教学媒体一样，都是一种辅助教学的工具，人的要素始终是第一位的。教师应该在教学活动中把握自己的主导地位和作用，调动学生的主体作用，尽量用自己的肢体语言和话语的魅力来启发学生，交流教学信息，传递教学内容，调动课堂气氛。防止滥用或错用技术手段或媒体，失去教师的独特教学风格、教学特色和教学中随机应变的能动性，防止教学活动中教师被多媒体驾驭，防止过分依赖 PPT 课件。具体而言，在应用多媒体教学技术时应避免以下问题。

1. 为用而用多媒体

过分注重多媒体表现形式，忽视教学内容，频繁更换画面，过分强调课件的美观、绚烂，让学生眼花缭乱，学生由学习者变成了"观光客"，影响学生的自主思维和想象空间，违背心理学中的有意注意力与无意注意力规律。

实际上，教学活动中是否使用多媒体，哪些地方使用多媒体，使用何种媒体都必须遵循以教师为主导地位、以媒体工具为辅助的前提，遵守教学规律，由教学内容来确定。

2. "多媒体"变成唯一媒体

不管课程的性质和教学内容是否适合多媒体教学，一堂课从头到尾都在用计算机演示 PPT 课件，对其他教学媒体（如黑板、实物等）视而不见，原本有多种教学媒体的课堂变成了只有 PPT 课件的媒体课堂。其实，每一种教学媒体都有其所长，也有其所短，教师应提高对多媒体教学手段的认识，充分考虑学科性质和教学内容的需要，选择合适的媒体。该用黑板演算的还是要用黑板演算，该声情并茂演示的还是要声情并茂地演示，让计算机辅助教学与其他教学媒体有机结合，发挥各教学媒体的优势，提高教学效果。

3. "机灌"教学

多媒体课件具有承载信息量大的特点，这时教师的课程内容组织就十分关键，过多的教学信息，过快的演示速度，会使学生只能步步紧跟，给人"以其昏昏，使人昭昭"之感，失去了积极参与教学和思考问题的时间，学生的主体地位无法体现，结果是将以前的"满堂灌"教学变为现代化的"机灌"式教学。

多媒体技术只是教学活动中的一种辅助教学手段，其目的也只是弥补传统教学中教师授课时"一支粉笔、一本书、一块黑板、一张嘴"的局限，将传统教学手段中难以表达的教学信息生动、直观地表现出来，因此多媒体技术只能作为以教师为主导作用下的教学的辅助手段。在多媒体教学中，应注重人机交流，教学互动，而不能以"多媒体"代替教师的所有教学活动，更不能违背教学规律、认知理论，盲目、过量、无重点地向学生"灌输"知识。

4. 过分依赖 PPT 课件

一些教师过分依赖 PPT 课件，这类课件通常都是把一些教学内容整段整段地粘贴上去，满篇的文字，密密麻麻，学生看着眼睛都疼，还要概括课件的"中心思想"。教师上课时对着课件照本宣科，既无教学效果，也让课堂教学丢失了灵魂。

用粉笔在黑板上写也好，用 PPT 给同学演示也罢，都只是教学的一种辅助手段，只是外在的教学方式而已。教师课堂教学最重要的是将一堂课的精髓传达给学生，把教师本人的思考融会其中，引导学生进行独立的思考并实现师生互动。

5. 教育手段先进不等于教育思想先进

毕竟多媒体教学仅仅是一种辅助教学的手段，而课堂教学中起主导作用的还是教师，并不是教学手段先进了，教育思想就先进了。教师的教学理念和教学思想，远胜于技术手段的现代化，不要让课堂"现代"了而没有"化"起来。因此，应充分认识多媒体教学是以现代教育理论为基础的，应充分发挥学生的学习主体作用，激发学生的学习兴趣，创造优越的学习环境，使传授知识和发展智能与素质培养相结合。

教师在教学中应选择能体现个性风格的教学方法、教学技巧，用教师的人格魅力和富有情趣的讲解来感染学生、说服学生。

第二节　信息资源的获取与利用

一、利用互联网检索资源

（一）在搜索引擎上实现多个主题词检索

搜索引擎按其工作方式可分为三种：全文搜索引擎、目录索引类搜索引擎和元搜索引擎。全文搜索引擎是利用从互联网上提取的各个网站的信息（以网页文字为主）建立的数据库，检索与用户查询条件匹配的相关记录，然后按一定的排列顺序将结果返回给用户，它是最通用的搜索引擎，代表性产品有谷歌、百度等。目录索引类搜索引擎是按目录分类的网站链接列表，代表性产品有雅虎、网易等。元搜索引擎在接受用户查询请求时，同时在其他多个引擎上进行搜索，并将结果返回给用户，代表产品有 InfoSpace、觅搜等。

搜索引擎使用简单，只要在搜索框中输入搜索主题词，按"Enter"键或单击"搜索"按钮，搜索引擎就会在网络上搜索与该主题词相关的内容，并以列表方式将搜索结果展示出来。选用搜索主题词时要注意以下几点。

1. 保持简单

如果要查找某个特定的公司，只要输入公司名称即可，或者能想到该公司名称的多少字词就输入多少。如果要查找某个特定的概念、地点或产品，就先搜索它的名称。例如，要查找比萨餐厅，只要输入"比萨"和自己所在城市名或邮政编码即可。大多数查询都不需要高级操作符或不常见的语法，简单就好。

2. 考虑网页文字表述方式

搜索引擎毕竟只是一个程序，它需要根据指定的字词，才能搜索网络上匹配的网页。因此要使用最可能出现在要查找的网页上的字词。例如，不要使用"我的头很痛"，而应使用"头痛"，因为这才是医疗网页会使用的字词。查询"哪些国家或地区将蝙蝠当作好运的象征"，对于人来说很清晰明了，但是包含相关答案的文档可能不会出现这样的句子，应改用查询"蝙蝠被认为好运"，甚至只使用查询"蝙蝠好运"，因为这很可能就是相应的网页要显示的内容。

3.尽量简明扼要地描述要查找的内容

例如，"天气北京"是一种查询天气的简单方法，而且与更长的"中国北京市的天气预报"相比，很可能会得到更好的结果。

4.选择描述性的字词

字词越独特，越有可能获得相关的结果。在通常情况下，不要使用描述性欠佳的字词，如"文档""网站""公司"或"信息"。请记住，如果某个字词不是绝大多数人常用的，那么即使它的意思正确，也可能与要找的网页不匹配。例如，"名人铃声"比"名人声音"更具描述性而且更具体。

如果用单个主题词无法确切表达要搜索的主题内容，可以使用多主题词搜索。在多主题词搜索前，需将主题词按重要程度进行排序，然后在搜索框中按重要程度由高到低的顺序依次输入，各主题词间用英文状态下的"空格符"分开。

对于查询中的每个字词，搜索主题词应能够使目标更加明确，因为所有字词都会用到。所以每增加一个词，就会对搜索结果多一些限制。如果限制过多，将会错过许多有用的信息。

（二）主题词精确检索功能如何应用在搜索引擎上

搜索引擎默认的检索方式是模糊检索，以百度为例，如果搜索"教育学考试资料"主题词，因为搜索引擎默认的检索方式是模糊检索，主题为"考试""教育学""教育学考试资料"的页面都会出现在检索列表中。

主题词用双引号括起来的搜索方式为主题词精确检索，它有助于在搜索引擎上检索与主题词完全匹配的页面。给搜索词组添加双引号，等于告诉百度严格按照该词组的形式查找结果，而不对搜索词组进行任何变动。百度搜索本身就将字词顺序和字词组合视为非常明显的整体搜索标志，除非必要，否则不会拆分搜索字词。如果坚持用主题词精确检索，虽然提高了检索结果的准确性，但可能会错过若干有用的搜索结果。

（三）在搜索结果中扣除不需要的主题内容

在搜索引擎使用过程中会有这样的需求：需要在一个主题词的结果中去除某个不需要的主题，如需要查找"英语考试"主题下不包含"职称英语"的主题。而一般搜索"英语考试"主题，可以看到结果列表中有"职称英语考试"的相关记录。通常情况下，用一个关键词查询，会得到很多与查询目的不相关的冗余信息。在搜索主题词后加上英文状态下的"减号"及需扣除的主题词，就可以扣除不相关的冗余信息，缩小搜索结果的范围，提高搜索效率。

（四）将搜索范围限制在特定网站内

有时需要在特定网站上查找资料，但是该网站又不提供网站搜索的功能，搜索引擎的站内搜索功能可以帮助用户将搜索范围限制在特定的网站内。可以使用"site"关键词，在主题词后使用英文状态下的"冒号"引出需限定的网站网址后搜索，搜索范围就被限定在冒号引出的网站内。

（五）搜索特定格式（扩展名）的文件

如果想搜索特定类型的文件，可以在搜索框中使用"filetype"关键词，"filetype"关键词用于搜索特定文件格式，如果想搜索某一主题的 word 文档，可以在主题词后加上英文状态的"filetype: doc"来限定搜索结果的文档类型。例如，想搜索与"计算机网络"相关的 PPT 文档，可以在搜索框中输入"计算机网络 filetype: ppt"后单击搜索按钮，在搜索结果页面中可以看出，结果条目的网址都是以"ppt"结束，这表明该文件是一个 PPT 格式的文件，单击搜索条目就可以下载相应的文档。

现在大多数搜索引擎都支持这个语法，但并不是所有的格式都会支持。百度支持的格式有 pdf、doc、xls、all、ppt、rtf，其中的 all 表示搜索所有百度支持的文件，这样返回的结果就会更多。

（六）实现图片、视频的分类检索

在百度搜索的主页面左上角有"图片"和"视频"链接，单击链接就可以进入图片搜索及视频搜索页面。在搜索结果中，与主题词相关的条目以缩略图方式展示在返回列表栏中，用户选择需要的图片后可以下载到本地使用。

视频检索方式与图片检索方式类似，在此不赘述。

（七）通过视频分享网站下载教学视频资源

视频分享网站是近几年流行的网络视频资源分享平台。资源由网民自己拍摄上传到视频分享网站，供大家分享。教师可以将与教学相关的视频资源上传到视频分享网站上供学生使用，也可以从视频分享网站上将有用的视频资源下载到本地供教学使用。

二、利用互联网下载资源

（一）一次获得多个搜索引擎的搜索结果

目前网络上常用的搜索引擎有谷歌、百度、雅虎、必应。对于同一个主题词，各个搜索引擎的搜索侧重点会有所不同。要想得到某一个检索主题的确切搜索结果，传统的做法是将主题词在每个搜索引擎上进行搜索，这种做法费时费力。元搜索引擎可以同时实现对多个搜索引擎的搜索、整理工作。它将多个单一搜索引擎集成在一起，提供统一的检索界面，将用户的检索提问同时提交给多个独立的搜索引擎，同时检索多个数据库，并根据多个独立搜索引擎的检索结果进行二次加工，如对检索结果去重、排序等，然后输出给用户。

（二）在线浏览或下载网络公开课资源

网络公开课的出现，拉近了普通人与全球著名高校之间的距离，许多高校纷纷在网上提供本校的精品视频公开课程的录像，以飨全世界的求知者，是优势教育资源对个人的赠予。

国内比较有名的公开课网站有网易公开课、新浪公开课、搜狐公开课。

下面以网易公开课为例简要介绍如何在线收看和下载公开课程。

单击网易公开课首页面的课程链接，就可以打开公开课播放页面，公开课通常使用 flv 文件格式，因此客户端浏览器要安装 Adobe Flash ActiveX 插件后才能正常播放。

单击右上部的"下载"按钮，就进入了公开课下载页面，页面中列出了可供用户下载的课程列表，单击课程名称就进入了课程视频下载页面，单击页面中"下载区"的下载链接，就可以下载对应的视频资源。

（三）通过资源下载网站检索及下载资源

除了使用搜索引擎进行资源检索外，资源下载网站也是一个很好的资源获取方式，常用的资源下载网站有迅雷下载软件对应的狗狗下载网站及电驴下载软件对应的 VeryCD 网站等。这些网站将可下载的网络资源进行了系统分类，用户可以在网站上检索并下载资源文件。下面以狗狗下载网站为例介绍资源下载网站的检索及使用。

在狗狗下载网站首页面搜索框中输入检索主题词，单击"提交"按钮，打开资源检索结果页面。在这个页面中可根据资源大小、资源格式对资源进行排序，以便用户迅速找到需要的资源。单击资源名称链接，就可以打开资源下载页面。在这个页面中单击"普通下载"按钮后，就启动了迅雷软件并将该资源文件加入下载任务中，这样就可以下载该资源文件了。

资源下载完成后，在迅雷软件的完成列表中就可以找到刚刚下载的文件，也可以根据下载路径查找资源文件。

第三节　现代教育技术的应用

一、信息化教学方法

（一）信息化教学中常用的教学媒体

"工欲善其事，必先利其器。"教学媒体是教学内容的载体，是教学内容的表现形式，是师生之间传递信息的工具。随着科学技术的发展，教学媒体日益丰富，对教学产生越来越大的影响，并成为教学活动的基本要素。了解我们身边有哪些教学媒体可供选择，清楚每一种媒体的特点和特长，是教师开展信息化教学的第一步。

教学媒体的内容非常广泛。教学媒体的划分有各种各样的标准，可简单将其分为传统教学媒体和现代教学媒体。传统教学媒体包括教科书、板书和模型、画册、实物等直观教具。随着电子技术和信息技术的发展，出现了广播、录音机、照相机、幻灯机、电视、录像机、投影仪、视频展示台、计算机、电子白板、语言实验室、网络机房、智能手机、平板电脑等媒体，并在教学实践领域得到了广泛应用。

（二）信息化教学中媒体选择的方法和原则

选择何种教学媒体取决于教师的教学需要。教师可以列出一系列的问题，通过对这些问题的逐一解答，就可以比较清楚地发现适用于一定教学情境的媒体。例如，该媒体是用于辅助集体讲授还是用于个别化学习？所需媒体是用来提供感性材料还是练习条件？媒体材料与学生的认知水平相一致吗？教学内容是否要做图解或图示的处理？视觉内容是用静止图像还是活动图像来呈现？活动图像要不要配音？是用电影还是录像来表达视听结合的活动图像？有没有现成的电影或录像，以及放映条件如何？面对形式多样的教学媒体，我们应该做何选择？

选择教学媒体，应该遵循以下几个原则。

1. 最优决策原则

美国传播学家威尔伯·施拉姆（Wilber Schramm）提出的决定媒体选择概率的公式，是媒体选择的最优决策的依据。媒体的功效是指教学媒体在教学过程中为了达到预期的教学目标所起作用的大小，也就是人们通常所说的媒体在教学中的使用目标。

2. 有效信息原则

师生的认知结构、教学内容、教学媒体作为教学信息传递的各个节点，只有当各自传递的信息重叠融合时，这样的信息才是有效的信息。由于不同的教学媒体体现的经验层次是不一样的，所以不同的教学内容应该选择不同的教学媒体来体现。同时，师生的认知结构及其对教学媒体的驾驭能力，也会影响媒体的选择。因此，只有当所选择的教学媒体反映的信息与师生的认知结构及教学内容有一定的重叠时，教学媒体才能有效地发挥作用。

3. 优化组合原则

各种教学媒体都有各自的优点，也有各自的局限性，世界上没有任何一种"超级媒体"能满足所有的教学要求。只有根据教学内容的需要，优化组合多种媒体，扬长避短，做到物尽其用，充分发挥各自的优势，才能实现教学效果的最优化。

（三）多媒体新变化

多媒体教学指的是在教学过程中，根据教学目标和教学对象的特点，通过教学设计，合理选择和运用现代教学媒体，并与传统教学手段有机组合，共同参与教学全过程，以多种媒体信息作用于学生，形成合理的教学过程结构，达到最优化的教学效果。媒体技术的发展，特别是计算机、互联网在高校教学领域中日益广泛地应用，对高校教学方法、教学模式变革产生了深刻的影响。

（1）综合应用文字、图片、声音、动画和视频等手段来展现教学内容，使一些抽象难懂的知识直观而形象，有助于学生理解教学内容。

（2）通过制作多媒体课件，教师可以将大量的信息带给学生，还可以通过互联网更新丰富的前沿资料。

（3）图文声像并茂，多角度调动学生的情绪、注意力和兴趣，使课堂教学活动变得生动有趣，富有启发性、真实性。可以从根本上改变传统、单调的教学模式，从而活跃学生的思维，激发学生的学习兴趣。

（4）多媒体展示知识空间的联系，将知识系统化，形成网络，符合人类的记忆过程，有利于学生对知识进行比较、加工、归纳，形成理解基础上的记忆。

（5）教师可以利用网络辅助教学平台，方便、快捷、有效地对课前准备、课堂教学、课后辅导等各个教学环节进行整体设计，并让学生积极参与其中，使课堂教学更有针对性，有利于提高课堂教学效率和效果，从而提高教学质量。

二、信息化教学平台与工具

（一）采用多媒体教学

并不是所有的教学内容都需要用多媒体手段来呈现，这是一个基本观念。多媒体教学的特长在于综合利用文字、声音、图像、动画、视频等媒体的信息，生动、形象、直观地呈现教学内容。因此，一方面，教师应该深入分析教学内容，根据教学内容表现的需要，恰当地选择教学媒体；另一方面，也应认真分析授课对象目前的知识结构和认知状况。综合授课对象的认知程度和教学内容的抽象程度来选择是否采用多媒体教学，才能达到利用多媒体提高教学效率和教学效果的目的。

哪些教学内容适合用图像、动画、视频等多媒体信息展现呢？

（1）抽象的、难以理解的内容。

（2）难以观察到的微观世界、宏观世界。

（3）不易或是无法亲身经历的体验。

（4）模拟动态过程。

（5）创设教学情境，进行角色扮演。

教师通常可以按以下步骤，利用"减法"思想，筛选出需要多媒体教学展示的内容：①制作一个媒体选择表格，列出教学内容和需要使用的媒体，明确需要用到的媒体。②统计表中媒体的选择情况。③对于只需要"文字"素材的教学内容，用传统教学手段就可以了。④对于选择了其他媒体的内容，需明确涉及的素材是否已经收集或制作完整。⑤列出尚未准备好的素材，再次确定是否有必要使用多媒体。如确实需要又有技术困难，可找学校教学技术支持部门配合完成。

（二）网络辅助教学平台延伸课堂教学

随着网络和各种即时通信工具在教学领域中被日益广泛地应用，学习时间和空间不断延伸，师生之间随时不断的沟通互动已从理想变为现实。课堂教学之外，教师可以通过各种手段给学生的学习提供帮助和指导，如即时通信工具、专题学习网站、教学博客等，当然首先推荐的还是以课程为核心的网络辅助教学平台。

网络辅助教学平台相当于在网上为教师开辟了一个课程的专属空间，教师可以对空间内容进行自主建设，并有权决定访问对象。

利用网络辅助教学平台可以实现课程教学资源管理。教师可在平台上发布教学大纲、教学课件、课外阅读资料等课程相关的资源；可将课程资源按章节或功能属性进行分类整理，结构清晰、修改方便；可以根据教学进度需要设定资源的发布状态，将资源有计划、有步骤地提供给学生。

利用网络教学平台可以实现网络辅助与答疑。这是一个关于课程学习的专属讨论区，讨论的问题集中而且有针对性。课堂教学时间毕竟有限且短暂，教师可以与学生约定某个时间进行网上同步答疑，学生也可以随时提出问题，教师在网上回答，学生之间相互也可以成为答案提供者，使师生之间、生生之间的交流和互动在课堂外得以无限延伸。

教师还可以利用网络辅助教学平台开展网络问卷调研，了解学生对于课程学习的满意度、知识掌握情况等，可以利用平台进行在线测试，利用平台发布和批改作业，系统还提供作业完成情况的统计分析功能。

在压缩课堂教学时间、培养和增强学生自主学习能力的大背景下，利用网络辅助教学平台，督促学生做好课前预习准备，对于提高课堂教学质量具有重要意义；利用网络辅助教学平台，加强与学生课外的交流和互动，有利于对学生实施个性化的指导和帮助，因材施教；加强对学生学习的督促和管理，对于提高课程学习的质量和效果具有重要意义，真正实现课堂教学和网络辅助教学互为补充、相得益彰。

（三）教学中应用视频展示台

视频展示台不同于胶片投影仪，其功能更为强大。利用视频展示台，教师可以将手写稿、透明普通胶片、商品实物、零部件、三维物体、实验动作等，通过摄像头清晰逼真地显示在投影屏幕上，让学生清楚地看到教师想要展示的内容。视频展示台作为一种教学辅助工具，在实验实践教学领域有着广泛应用。

利用视频展示台辅助课堂教学，可以展示较小的零部件。利用摄像头的变焦功能，可以将小的零部件放大并清晰地投射到屏幕上，坐在最后一排的同学也能清楚地观看；并且还可以立体地、全方位地对此进行展示，包括正面、侧面、整体、局部，让课堂生动形象，使学生印象深刻，比做一个三维动画演示片方便快捷得多。利用视频展示台辅助实验教学，可以利用展示台向学生演示需要准备的实验器材、仪器和设备，演示操作过程，展示实验过程和实验成果，让每一个同学都可以清楚地看到老师展示的内容，这对于提高同学参与实验的积极性和提高实验教学的效果和质量都非常有帮助。

（四）翻页器

随着多媒体教学课件特别是PPT课件在课堂教学中得到日益广泛的应用，我们也看到一个奇怪的现象：教师仿佛被讲台"黏"住了。为一张一张地播放PPT课件，以前习惯走到学生中间去讲课的老师，也不得不待在讲台后面，或是不停地在讲台和学生之间来回穿梭。这不仅严重影响教师与学生之间的互动，也妨碍教师个人魅力的展现，容易让课堂变得死气沉沉，缺乏活力和生气。

其实这个问题已经有了很好的解决方案，那就是 PPT 翻页器。PPT 翻页器结合无线技术和电脑 USB 技术，可以遥控电脑进行翻页，相当于电脑遥控器。PPT 翻页器所用的无线技术通常有红外和射频两种，由于红外的产品有方向性，发射器必须对准接收器，并且中间不能有阻挡物，因此推荐选用射频技术的产品。

PPT 翻页器通常包含一个发射器、一个接收器。接收器外观类似 U 盘，插在电脑的 USB 口上，接收控制信号，即插即用，无须安装驱动，非常方便。

有了 PPT 翻页器，教师可以自由地走到学生中间去，方便实现 PPT 课件的上下翻页，让教学更流畅；同时，还可利用翻页器附带的激光按钮功能，引导学生将注意力集中到特定内容，对课件展示中的特定教学内容进行强调。

（五）观摩自己的教学录像进行教学反思

教师通过对自己课堂录像的分析，从教学录像中对自己的教学活动、仪表仪态、语言表达、教学方法、教学活动的组织等进行整体评价，从而了解哪些教学方法可行，哪些需要改进。各种水平、各门学科的教师都能从观摩自己的教学录像中获益。

1. 录像准备工作

选择一堂有代表性，能用到黑板、讲义、多媒体等多种教学手段进行教学的课堂，如果可能，尽量选一堂既有讲授又有讨论的课。

告诉摄像师在拍摄教师的同时，也要展现学生对教师和其他人的反应。

2. 观看录像带

及时观看录像带。尽量在拍摄的当天或第二天就观看录像带，因为这时教师还记忆犹新，能很快地回忆起上课的想法和感受。播放 1～2 遍，让教师习惯看录像带中的自己。如果是新老师，可以在观看录像带时检查自己的声音、仪态、手势及习惯性动作是否合适。

3. 分析录像带

教师要留出充分的时间去分析录像带，至少要花费两倍于拍摄的时间去分析录像带。教师可以独自观看分析，也可以邀请其他能帮助你的同事或能提供支持的人一同观看。如果可能，尽量选择一位对课程内容熟悉的人。

教师可以根据课堂教学设计，通过列清单的方式来明确分析重点，包括对教学的组织和准备、个人的表达风格、课堂提问的技巧、课堂讨论的组织、学生的兴趣与参与度、课堂的气氛等方面进行详细的分析。比如，说话的声音是否清晰响亮，说话的语速是否合适，提问是否难度适中又兼具挑战性和吸引力，是否给学生留了足够的考虑时间，是否组织了有效的课堂讨论，是否鼓励了所有学生都参与到讨论中来。建议教师对每个方面都要认真分析并写出评论，以便帮助教师认清自己教学中的优点和需要改进的地方。

（六）利用智能手机、平板电脑支持移动学习

移动学习是一种在移动设备帮助下能够在任何时间、任何地点发生的学习，移动学习所使用的移动设备必须能够有效地呈现学习内容并且提供教师与学习者之间的双向交流，即移动学习是教师和学生依托无线移动网络、互联网及多媒体技术，利用智能手机、平板电脑等无线设备更为方便灵活地实现交互式教学活动，以及教育、科技方面的信息交流。

所谓智能手机，是指像个人电脑一样，具有独立的操作系统，可以由用户自行安装软件、游戏等第三方服务商提供的程序，通过此类程序来不断对设备本身的功能进行扩充，并可以通过移动通信网络来实现无线网络接入的这样一类手机的总称。通常使用的操作系统有 Android、iOS、Windows、Phone 等。

利用智能手机或平板电脑，可以实现以下功能：①可以安装各类应用程序；②可以处理音频、视频等各种资源；③实现 Web 访问、网络查询；④收发邮件。

利用智能手机或平板电脑的这些功能，可以开展以下形式的移动学习。

1. 开展基于问题的学习

如不记得某个单词如何写、不知道某项流程如何执行等，可借助手机本身的知识库或移动通信网络，让问题得以及时解决。

2. 开展基于资源的学习

网络资源无限丰富，有了移动学习设备，学习资源随时随地都在身边。学习地点多样，学习时间灵活，如等车、坐车或其他零碎的时间都可以用来查找你关心的资源，"凑零为整"进行学习。移动学习让学习无处不在。

3. 非正式学习

非正式学习是指在非正式学习时间和场所发生的，通过非教学性质的社会交往来传递和渗透知识，是由学习者自我发起、自我调控和自我负责的学习。在倡导终身学习的时代，非正式学习广泛存在。研究表明，非正式学习能满足成人的大部分学习需求。

现代通信技术的发展使得交流可以跨越时空距离而存在，从而诞生了网络团体。利用移动网络让一群人可以随时随地围绕某一主题进行讨论和交流，他们可以是同学、朋友、老师，也可以是陌生人。学生在大学期间 50 % 以上的知识与技能是从伙伴或同学那里学到的，而不是从课堂或教授那里学到的，从伙伴那里学习就是一种非正式学习。从这个意义上讲，现代大学制度的成功在于将年龄相仿的一群人聚集在一起，为其相互充分学习与交流提供机会，而不仅仅局限于通过教师的课堂讲授来学习。

第三章

高校教学信息化管理

第一节 高校教学资源管理信息化现状

一、高校教育信息化的发展进程

作为信息化建设的前沿阵地和信息时代的弄潮先锋，我国高校的信息化建设方兴未艾。教育部进一步明确做出了实施"教育信息化建设工程"的战略部署。在新形势下，高校的教育信息化建设工程纷纷上马，提高了学校的教育信息化水平。对高校教育信息化建设有各种各样的提法，如校园网、数字化校园、教育信息化等。这些提法和概念各有侧重，其内涵与外延也不尽相同，在高校的信息化建设实践中，有必要分析理解这几个名词的异同，以统一对教育信息化概念的认识。

一般而言，校园网是指由计算机、网络技术设备和软件等构成的为学校教学、科研、管理、后勤等提供服务的集成应用系统，是可通过广域网的互联实现远距离信息交流和资源共享的局域网络。从概念上来看，校园网侧重的是网络系统，即主要是硬件平台的建设。

数字化校园的提法始于 20 世纪 90 年代，美国克莱蒙森大学教授凯尼斯·格林（Kenneth Green）发起并主持了一项名为"信息化校园"的大型科研项目。自此，建设虚拟校园开始进入教育界有识之士的议事日程，并最终逐步演变完善成为今天的"数字化校园"概念，即利用计算机技术、网络技术、通信技术对学校与教学科研、管理和生活服务等有关的所有信息资源进行全面的数字化，并用科学规范的管理对这些信息资源进行整合和集成，以构成统一的用户管理、统一的资源管理和统一的权限控制，把学校建设成既面向校园，也面向社会的一个超越时间、空间的虚拟大学。数字化校园是在传统校园的基础上构建一个数字化空间，以拓展现实校园的时间和空间的维度，从而提升传统校园的效率，扩展传统校园的功能，最终实现校园各项活动的全面信息化。数字化校园的概念比校园网的概念在内涵上明显要丰富得多，涵盖的内容极其广泛，不仅包括了硬件设施和网络系统的建设，还包含了为教学科研、管理、生活服务等各方面提供数字化服务，几乎无所不包。但从概念上来看，它侧重的是虚拟大学的存在状态和功能。

教育信息化的概念与数字化校园的概念几乎同步，是在 20 世纪 90 年代伴随着信息高速公路的兴建而提出来的。美国政府正式提出建设"国家信息基础设施"（national information infrastructure, NII），又称"信息高速公路"，其主要是发展以 Internet 为核心的综合化信息服务体系和推进信息技术（information technology, IT）在社会各领域的广泛应用，特别是把 IT 在教育中的应用作为实施面向 21 世纪教育改革的重要途径。在这种背景下，许多国家的教育信息化进程也迅速加快。

在我国，20 世纪 90 年代以来，特别是在 90 年代末以后，网络技术迅速普及，整个社会的发展与信息技术的关系越来越密切，人们越来越关注信息技术对社会发展的影响，"社会信息化""信息社会"和"信息化社会"的提法陆续出现，作为推进信息化建设的主力军之一，特别是在高等教育中，"教育信息化"的提法也随之出现。

二、高校教育信息化建设现状

以信息化带动教育现代化，已经成为教育跨越式发展的必由之路。这场由信息技术革命引起的教育变革，正在对教育的各个领域产生巨大而深远的影响。高校在教育信息化这方面起步较晚，发展略显滞后。高校应抓住这一历史性的机遇，强化教育信息化是信息时代高校生存、发展、竞争制胜的有力武器的理念，加强教育技术管理，促进高校的教育信息化建设。

（一）信息化建设人力资源缺乏

从对江苏省高校现代教育技术中心的调研来看，部分管理人员对教育信息化的概念还未了解透彻，对于如何建立学校的教育信息化更不知从何谈起。现代教育技术管理人员没有正确的理论导向，学校教育信息化管理工作还停留在传统的管理模式上，工作效率低。建设人员的素质影响了学校教育信息化的发展。提高管理者的信息化水平，成为势在必行的关键所在。

普通教师作为教育信息化建设的参与人员，也具有重要性。就信息化建设中的课堂信息化教学手段的应用现状来看，课堂教学效果与多媒体课件质量和教师本身的教学素质有直接关系，两者缺一不可。而多媒体课件质量的高低与教师本身的教学素质高低有很大的关系。课件做得好，教学效果就会好。要想提高教学质量，得到学生认可，应对教师提供有效资源，提高教师的信息化理论与实践水平，全方位整合教育资源，研究教育理论和进行教育实践，使信息技术在教学中发挥应有的作用。只有提高学校管理人员和参与教学的人员的信息化水平，全民参与建设，才能解决信息化建设人力资源缺乏这一难题。

（二）网络的应用效率不高

随着学校规模的快速发展，校区的增多，各高校之间资源共享的需求增多，教务管理信息系统要求尽快实现网络化，以便提高教务管理的效率。学校网络的建设，不仅要使资源得到共享利用，还应增强辅助教学的功能。如一些高校应用的教务管理系统只用于单纯的教务管理，而和教学相脱离。在高校的网络教务管理信息系统中，应加强课堂教学的辅助功能，时刻体现教务工作以教学为中心。网络系统的智能性和安全性有待提高，如在教务管理系统中还应能够运用智能代理技术，以帮助教务管理者更轻松地管理教学、教师更方便地教学、学生更好地查询信息等。网络的安全是校园信息化建设的堡垒，网络版教务管理信息系统的安全性尤为重要，学生成绩的查询、选修课的选课密码等都需要很高的安全性。未来的网络信息系统，应该更加注重系统的安全性，才能保证教学工作的正常进行。

三、高校教育信息化建设存在的问题

（一）思想认识不到位

有些高校对教育信息化的重要性还没有充分的认识，没有将其作为一项重要的工作来抓；有些高校虽然在这方面做了一些工作，但没有建立教育信息化的领导决策机构，也没有制定教育信息化的总体规划；有些高校把教育信息化等同于教育管理信息化，忽视教学信息化这一教育信息化的核心，重管理、轻教学；有些高校在信息化建设的机构设置、人员编制上没有到位，没有形成相应的信息化建设队伍。上述这些问题，在很大程度上制约着高校教育信息化的发展。

（二）资源建设滞后

教育信息化的核心是教学信息化，教学信息化的基础是信息资源建设。但目前我国高校的信息资源建设严重滞后。究其原因，首先是在宏观上教育行政部门缺乏有力的指导和协调，推动的力度不够；其次是信息资源建设缺乏相对统一的标准，在开发上大家各搞各的，造成重复建设，并为以后的兼容留下隐患；最后是各个高校各自为政，在信息资源建设上缺乏协调和合作，分散了信息资源建设的人力和物力。我国的社会信息化建设起步较晚，与发达国家相比尚有很大差距。

（三）配套的政策支持缺乏

教育信息化将带来高校办学的开放化，办学开放化使得信息资源能够共享和再利用。而在现有的高校体制下，一方面，各个学校都有自己相对封闭的办学经济利益，解决因资源共享造成的各高校之间、教师个人之间的利益格局调整问题迫在眉睫，需要建立相应的配套政策和协作机制；另一方面，在对教师个人的教学质量评估中，如何体现教学信息化的要求，建立相应的评价体系和激励机制，对教师的教学信息化工作予以认可和奖励，也是一个需要进一步研究探讨的问题。

（四）经费投入不足

教育信息化是一项系统工程，既包括硬件等基础设施建设，也包括信息资源等软件建设。教育信息化初期投入比较大，需要有一定的经费保障。但目前我国高校的办学经费普遍比较紧张，大部分高校无法在信息化建设方面有较大的经费投入，这些也在一定程度上制约着高校的教育信息化建设。

（五）师资队伍水平有待提高

目前的师资水平不能适应信息化建设的要求。教师是教育信息化的实施者，教育信息化对师资队伍的素质提出了很高的要求，但我国高校现有的师资队伍还不能完全适应这一新的要求。一方面，教师的教育思想、教育观念受传统教育的影响很深，要接受新的思想观念还需要一个过程。另一方面，教育信息化对教师的知识结构、综合素质、信息化能力都提出了更高的要求，教师必须具备良好的信息意识，善于将信息网络上新的知识信息与课本上的知识信息有机结合起来，不断了解和掌握本学科及相关学科的新动向，以新的知识信息开阔学生视野，启迪学生思维。同时，教师还必须具有较强的获取信息、储存信息、加工处理信息、筛选利用信息，以及更新创造信息的能力。此外，教师还要具有运用信息技术手段创造性地组织教学活动的能力。在我国高校目前的师资队伍中，上述这些信息化的素质和能力还相对薄弱，很难适应教学信息化建设的要求。

第二节　教学管理与大学教学管理

一、教学与大学教学的关系概述

（一）教学与大学教学

1.教学

教学是教育学中最基本的概念之一，它是一个看似很简单，实际相当复杂的概念和术语。

从学术意义上来讲，教学这一看上去简单的问题其实颇为复杂，诸多关于教学的定义总是难以与教育相区别，也难以与智育相区别，甚至与课程也总是混淆在一起。教学是以学生掌握知识为直接目标所展开的师生双边的交往活动。从实践形式上讲，教学是学校教育最基本的活动，是最能体现教育活动特点的方面。从实践意义上讲，教学是教育目的规范下的、教师的教与学生的学共同组成的一种教育活动。

在我国，教学是以知识的教授为基础的，通过教学，学生在教师有计划、有步骤的积极引导下，主动地掌握系统的科学文化知识和技能，发展智力、体力，陶冶品德、美感，形成全面发展的个性。所以，教学是学校实现教育目的的基本途径。

中外许多教育家和学者很早就从教学活动入手，探讨各种教育理论和实践问题。这说明教学是教育的一项基本活动。但是，同对教育学其他许多概念的理解和认识一样，人们对教学这一概念的认识，随着时间的推移和教育实践的深入，总在不断深化。对教学与外部环境联系的认识，由封闭性逐渐走向开放性；对教学活动中信息传递途径的认识，由单一化逐渐走向多样化；对教学活动组织形式的认识，也发生了很大变化；对不同层次教学活动特点的认识，由笼统的对共性的认识走向在共性基础上对特殊性的认识。由此不难看出，教学是一个不断发展变化的概念。

2.大学教学

大学的教学过程具有专业性、探索性和实践性等基本特点。

（1）大学教学过程具有鲜明的专业性

大学教学过程是实现人才专业化的一种过程。随着年级的上升，这种专业化程度逐步提高。这一特点是由大学培养高级专门人才这一基本的教育目标决定的。虽然不同层次、不同类型的大学和不同科类的专业，在人才培养规格上存在差异，其教学内容、教学形式和教学方法等各有侧重，但是专业性是它们共同的属性。从国际视野看，无论哪一层次的高等教育，其课程计划都是围绕人才培养设计的，教学过程和管理都围绕专门人才的需求来完成的，以便他们离开大学后经过或长或短的职业适应期就能承担某种专业性的工作。

（2）大学教学过程具有很强的探索性

与其他较低层次的学校相比，大学教学除了传授已有知识外，还担负着发现未知和培养学生探求新知的能力的任务。这样，大学教学过程包含教学和科研两种因素，二者是紧密结合在一起的。大学教学过程的探索性也是由大学培养创新型高级专门人才的教育目标决定的。

（3）大学教学过程具有较强的实践性

大学教育是学生走向社会、走向职业岗位的最后阶段。为了培养具有较强职业能力的专业人才，尽可能缩小教学与社会实践的差距，顺利完成职前教育向职业实践的过渡，缩短其职业适应期，必须使大学教学过程具有专业实践性。在这方面，无论是学术型还是职业型的高等教育，其面临的任务都是相同的。一般说来，中小学教学过程的实践是为了便于教学而设计的简化了的实践，其目的在于传授前人发现的知识或验证已知；而大学教学过程中的实践是接近真实环境或者就是在实际工作场所完成的教学实践，具有很强的专业性，其目的除了验证已知和传授知识外，还承担着证明学生本人的设想、获取直接经验、培养学生专业实践能力的重任。

总而言之，大学教学是比普通中小学教学更为复杂的一种实践活动。它不仅表现在课堂教学上，而且体现在自学、科研和社会实践等多个环节中。虽然现在我国普通中小学也越来越强调社会实践和探究性学习等，但是这与大学教学过程的专业性、探索性、实践性等特点还存在着质的区别。

（二）教学管理与大学教学管理

可以说，有了学校教育，就有了学校的教学管理。但是，人们对教学管理规律的认识，则是随着社会生产的发展和学校教育的变革而逐步深化的。至于什么是教学管理，学术界至今没有取得一致的认识。这里介绍几种比较有代表性的观点：

第一种观点认为，教学管理是学校管理者遵循管理规律和教学规律，科学地组织、协调和使用教学系统内部的人力、物力、财力、时间、信息等因素，确保教学工作有序、高效运转的决策和实施。

第二种观点认为，教学管理是为实现教育目标，根据一定的原则、程序和方法，对教学活动进行计划、组织、领导和控制的过程；教学管理的实质就是设计和保持一种良好的教学环境，使教师和学生在教学过程中高效率地达到既定的教学目标。

第三种观点认为，教学管理是学校管理者根据教育方针、教学计划、教学大纲的要求，以及教学工作的规律，运用现代科学管理的理论、方法和原则，通过计划、组织、检查、总结等管理环节，对教学的各个方面、各个要素、各个环节，进行合理组合，推动教学工作正常地、高效率地运转。

从上述论点不难看出，人们习惯于把教学管理定位于学校管理层面，认为教学管理主要是学校内部的管理。这当然不错。但这只是对教学管理的一种狭义的理解。从广义上说，教学管理应当包括宏观和微观（学校）两个层次。宏观层次是指教育行政机关对各级各类学校和其他教育机构教学的组织、管理与指导。这种界定虽然更加全面，但也忽视了这样一个事实：在我国，除了政府高等教育行政主管部门外，各级党组织、人大、政协、共青团、教育学会（协会）等机关和团体，也多少对学校的教育和教学活动起一定的作用。因此，宏观教学管理应界定为：政府教育行政主管部门对各级各类学校和其他教育机构教学的组织、指导与管理。

教学管理是学校管理的下位概念，它同学校管理的其他活动之间存在密切联系。因而，一谈起教学管理，人们很容易联想到学生管理和教师管理。这里分别对教学管理与教师管理、教学管理与学生管理的联系与区别进行简要分析。

狭义的教学管理和教师管理、学生管理都属于微观（学校）管理的范畴。从分类标准上看，三者所依据的标准是不同的。前者以内容或任务为分类标准，后两者以人员或对象为分类标准，即教师管理和学生管理是相对于学校管理中的财力、物力、时间、信息等要素而言的管理活动。

教学管理与学生管理之间存在着紧密的联系。学生既是教育的对象，又是学习的主体。不能离开学生来谈教学，也不能离开教学来谈学生。但教学管理与学生管理不是种属关系，即不是包容与被包容的关系，二者有着不同的内涵。学生管理中有许多属于教学管理的内容（如学籍管理、学业成绩管理、档案管理等），但学生管理中还有许多教学管理所不能涵盖的内容（如学生行为规范管理、学生社团管理等）。

教学管理与教师管理之间也存在密切的联系。从一定意义上讲，教师是教学活动的主体，在教学过程中发挥主导作用。故不能离开教师来谈教学，也不能离开教学来谈教师。但是，两者之间并非种属关系，它们各自具有不同的内涵，侧重点也不一样。教学管理侧重于教学过程和教学质量的管理（如教学计划管理、教学内容管理、教学资源管理、教学组织管理等），教师管理则侧重于教师的选拔、使用、考核和激励等。

依据前面的论述，狭义的大学教学管理即微观层次的大学教学管理，指大学教学管理者按照教学和管理活动的基本规律，对教与学双边交往活动进行计划、组织、协调、控制和评价，使其达到既定目标的活动或过程；广义的大学教学管理除了包括微观层次的大学教学管理外，还包括宏观层次的主要由政府教育行政管理部门实施的大学教学管理。这里着重探讨狭义的大学教学管理，即大学自身开展的教学管理。

教学是大学的中心工作，教学管理是大学管理的核心部分。大学教学管理的内容十分庞杂，包括教学计划管理、教学运行管理、教学质量管理与评价，以及学科、专业、课程、教材、实验室、实践教学基地、学风、教学队伍、教学管理制度等教学基本建设的管理。可见，大学教学管理头绪繁多，内容琐碎。它与大学内部的其他管理活动（如科研管理、教师管理、学生管理、后勤管理等）存在着十分密切的联系。

（三）制度与大学教学管理制度

教育制度和大学制度是制度（或管理制度）的下位概念，大学教学管理制度又是教育制度和大学制度的下位概念。探讨大学教学管理制度问题，首先应对制度、教育制度和大学制度等基本概念的内涵进行必要的界定。

1.制度

按照《现代汉语小词典》的解释，"制度"有两种基本含义：一是要求大家共同遵守的办事规程；二是在一定条件下形成的政治、经济、文化等方面的体系。

新制度经济学家关于制度是一种规则或规则体系的观点，对于分析高校教学管理制度具有重要的启示。其代表人物之一道格拉斯·诺斯（Douglass North）对制度是这样界定的："制度是一系列被制定出来的规则、守法程序和行为的道德伦理规范，它旨在约束追求主体福利或效用最大化利益的个人行为。"或者说，"制度是社会的博弈规则，或更严格地说是人类设计的制约人们相互行为的约束条件，用经济学的术语说，制度是定义和限制个人的决策集合"。这种界定强调组织内部各种关系的协调。

诺斯关于制度的定义，其最可贵之处在于抓住了"行为规则""博弈规则""相互约束"这些关键。但是他对制度进行界定时犯了两个错误：一方面，他过分泛化了制度的定义，似乎一切文化和意识形态都是制度的内容和形式，从而模糊了制度与非制度的界限；另一方面，他窄化了制度的定义，似乎只有"被制定出来的"或"人类设计的"规则或规范才是制度，把习俗、习惯和惯例排除在制度之外。

制度的根本特征在于它的规范性和强制性。安东尼·吉登斯（Anthony Giddens）曾将社会规范系统分为强约束力与弱约束力两类，认为那些通过话语表达并被正式化了的规范即为法律，法律是最具有约束力的社会规范。当然，除了法律制度外，其他正式的制度规则也是一种外在的强制约束。凡生活在一个组织机构内的人们，其行为都要受到某种正式制度的规制和约束，否则就可能受到组织纪律或国家法律的制裁，从而为自己的违规行为付出某种代价。制度除了外在的强制性外，还有内在的强制性和权威性。制度不仅是维护人们的权利、自由、利益、地位所必需的，而且表现了人们共同的价值观、道德理念，因而能够得到人们的自觉遵守。在规范性方面，无论是法制性制度，还是惯例性制度，都具有比较浓厚的强制色彩。这种强制，通常是借助制度制定机构的权威性（如国家），或制度在持久的形成、维系过程中凝固的权威性予以实施的。因此，制度之所以成为制度，本身就必须有一个"制度化"过程。

制度来源于人类的实践活动。从认识的起源看，制度的原始来源不可能是一种纯粹的观念。它先于人们的实践活动。但是，制度同一般的实践活动并不相同，它是在人们对实践活动的价值获得认识后，对未来实践活动的方向所进行的建议或规定。因而，制度总是一定思想、观念和理念的反映。

虽然必须以人对实践活动价值的认识为前提，但制度在其构成的直接来源上，却不局限在实践，而更涉及一种观念、理论或理念。不仅如此，社会发展的程度愈高，制度对观念、理论或理念的依赖就愈明显。因此，制度化实际上意味着：一方面，将某一或某些在较小范围内进行的实践活动，经过评价认定后，推广到更大的范围中，以影响更多人的实践活动；另一方面，将某一或某些观念、理论或理念规约化，借以建立、调整或限制相应的实践活动。

制度是理念和实践的结合体。制度之所以为制度，它首先是一种理念化的东西。与单一的学术观点表达和纯粹的理论研究不同，制度的理念化并不意味着制度仅仅是一种理念。相反，制度的理念化乃是为未来的实践活动提供的一个坐标。根据这个坐标，相应的实践活动都会在其中获得相应的位置。因此，制度又带有明显的可操作性成分。这种可操作性为制度提供了规范实践活动的基本依据。由于制度涉及理念和实践两个层面，所以制度化的情形十分复杂。

制度、体制、机制、规制等是一组联系十分密切而又存在一定区别的概念。按照《现代汉语小词典》的解释，体制是指国家机关、企业、事业单位的组织制度。而按照《辞海》的解释，体制是国家机关、企业和事业单位机构设置和管理权限划分的制度。由此看来，体制主要是行政管理学上的"制度"，它主要是指行政机构设置、管理权限划分和隶属关系。教育体制是国家各级教育行政机构和企事业单位的教育行政机构设置、隶属关系、权限划分等方面的体制和制度的总称。

综上所述，制度是一种规则或规则体系，是理念与实践的结合体；条文型制度是制度的最基本形态。制度、体制（含机制）、规制等概念之间的联系十分密切，但在本质上并无太大区别，只不过各有所侧重而已。

2.大学教学管理制度

科学的教学管理制度对于建立稳定协调的教学秩序、调动各方面的积极性和创造性、提高教学质量和管理效率具有重要意义。到底什么是教学管理制度，这个问题在高等教育界也是有争议的。

有一种观点认为，大学教学管理制度是指衡量和计算学生学习活动的数量和质量的制度。由此，大学教学管理制度分为学年制和学分制两种，或者分为学年制、学分制、学年学分制三种。就学年制和学分制这两种基本制度来讲，这种定义本身没错，但是这种理解把大学教学管理制度的外延大大缩小了。

按照《新编教育管理学》的观点，教学管理制度是为强化教学管理，稳定教学秩序，加强教学质量控制而制定的教学规章、制度、条例、规则、细则、守则等，是全体师生和教学管理人员必须共同遵守的教学行为准则；它是教学管理系统的重要组成部分，是实现教学管理科学化和教务工作规范化的基础。这种定义显然比前面那种解释更加合理，比较符合我国学校教学管理制度的实际状态。

参考诺斯等新制度经济学家及帕森斯等社会学家关于制度的理论，本书把大学教学管理制度理解为大学教学管理系统中规范和协调人与人之间关系的规则（或规则体系），主要关注教学管理者与被管理者（教师与学生）之间关系的协调。这种定义既不把大学教学管理制度仅看作教学管理的系统或体制，也不把它仅看作教学管理活动的行为规范，而将它视为大学教学管理组织制度和各种操作性规章制度的总和。

通过上面的分析，可以对大学教学管理制度的内涵做如下的界定：大学教学管理制度是人们在一定的教育管理思想和理念的指导下，根据人才培养目标要求所制定的对大学教学活动进行计划、组织、协调、控制和评价的基本制度。更具体地讲，大学教学管理制度是实施大学教学与教学管理活动的基本程序与规则，是调节大学教学管理者与大学生、大学教学管理者与教师、大学教师与大学生、上级管理者与下级管理者之间关系的机制，是高等教育和高等教育管理思想、观念和理论向大学教学管理实践转化的中介，也是大学教学与教学管理改革成果的固化和外显形式。

大学教学管理制度是协调和稳定教学秩序、调动和维护教学积极性与创造性、保证和提高教学质量与管理效率的重要手段。教学管理制度在大学教学和教学管理中发挥着约束、导向、激励等多种功能。这些功能突出地表现在：统筹教学需求、配置教学资源、协调教学活动、规范教学行为、整合教学要素、评鉴教学效果、调动和维护师生的积极性。

教学管理制度改革是大学教学和教学管理改革的重要内容，是大学教学基本建设和教学常规管理的基本环节。为迎接新时代的多种挑战，我国大学正在积极推进本科人才培养模式的改革，而新的人才培养模式要求新的教学管理制度与之配套。

二、大学教学管理制度的主体与客体

管理过程是在一定实践活动的基础上，管理者与被管理者之间相互作用的过程。大学教学管理系统中的管理者和被管理者是相互联系、相互制约的。大学教学管理制度应当在正确地认识学校（上级管理者）与院系（下级管理者）、管理者（含学校和院系）与被管理者（教师和学生）之间关系的基础上进行设计和安排。因此，分析大学教学管理制度的主体与客体的属性及其相互关系，是揭示大学教学管理制度蕴含的基本矛盾（关系）的基础。

（一）两种不同的管理主体观和管理客体观

一切管理活动中的管理主体（管理者）与管理客体（被管理者）都是对立统一的关系，所谓管理主体（管理者）是指具有一定管理能力并从事管理活动的人，包括各级领导和各级管理人员；管理客体（被管理者）是指进入被管理领域的人（进入被管理领域的还有物、时间、信息等非人的因素）。可见，作为管理者与被管理者是存在区别的，二者之间是管理与被管理的对立统一关系。也就是说，在管理活动中，在特定的条件和范围内，管理主体与管理客体有着确定的界限，各自履行不同的职责和权利，二者的地位也不相同，前者处于指挥地位，后者处于服从地位。

但是，在管理活动中，管理者和被管理者是相互关联而存在的。二者互为前提，互相规定，离开一方，另一方不能孤立地存在。参与管理活动的人们，不是单纯的自然存在物或生物存在物，而是作为社会关系的体现者，作为社会生产关系总和的社会存在物，他们按照自己作为社会人的尺度，按照自己的目的来改造、创造和适应环境。可见，在管理活动中的管理主体与管理客体的相互关系，关注着人的本质，实现着人的本质；管理活动要按照人的本质、人的本性进行协调和控制。在管理活动中，实际上存在两种管理模式：客体管理和主体管理。

管理者把被管理者仅仅当作客体来管理的模式，称为"客体管理"。在客体管理观念和模式下，管理者和被管理者之间纯粹是一种主体与客体的关系：管理者是主动的，被管理者是被动的；管理者处于权威地位，被管理者处于从属地位；管理过程是自上而下的单向过程，被管理者被排斥在管理过程之外。基于客体管理的制度是一种刚性的管理制度。

管理者不把被管理者仅仅当作客体来管理的模式，称为"主体管理"。在主体管理观念和模式下，管理者和被管理者都处于主体地位，二者之间是主体与主体的关系，两者只有分工的不同，没有地位高低之分；管理过程是以管理者为主导、管理者和被管理者共同参与、互相协调和双向统一的过程。主体管理也称为"参与式管理"。基于主体管理的制度是一种柔性的管理制度。

在任何管理活动中，"人"与"事"是一对基本的矛盾关系。但是，"人"是主导的方面，任何管理都必须依靠人，通过人去做成"事"。因此，人在管理中既是手段又是目的，一切管理活动都应当坚持以人为本。以人为本要求了解人的需要，激励人的积极性，尊重人的自主性，把个人目标和组织目标统一起来，实现管理主体和管理客体的统一；要求坚持人本管理与科学管理的有机结合，实现工具理性与价值理性的统一。学校管理活动应当实行主体管理，这是由现代社会管理、现代教育特性和学校组织特点等因素决定的。

（二）不同管理观支配下的大学教学管理制度

大学教学管理是按照一定的管理原则、程序和方法，对教学过程中的人、财、物、时间、信息等资源进行调配，通过建立相对稳定的教学秩序，调动广大教师和学生的积极性，从而实现教学工作的目标，保证并提高教学质量和效率的活动。不同的管理主体观和客体观支配下的大学教学管理制度呈现不同的特点。

首先，不同管理观支配下的大学教学管理体制安排呈现不同的特点。如果按照客体管理观来安排教学管理体制，大学就会选择集权管理模式，就可能出现教学的规划、决策、资源分配等权力较多地集中于校部，而院系在教学管理上处于从属和被动的状况。如果按照主体管理观来安排教学管理体制，大学可能会选择分权管理模式，就可能出现校部与院系分工负责、上下协调一致，院系教学管理活力大大增强的状况。我国大学内部的教学管理体制是在《中华人民共和国高等教育法》（以下简称《高等教育法》），以及国家高等教育管理的相关法规、政策下，由大学党委等领导机构组织确定的，它与大学内部管理体制改革紧密联系。不同管理观支配下的教学管理体制，其对大学教学管理工作的影响是不一样的。

其次，不同管理观支配下的大学教学管理规章制度设计也呈现不同的特点。如果按照客体管理观来设计教学管理规章制度，教学管理者就会成为制度的制定者、执行者、监督者，教师和大学生就会被看成纯粹的制度"受体"——制度施威的对象。这种情况下，制度只求体现管理者的意志，而较少考虑（或者基本不考虑）被管理者的愿望；而且，教学管理目标与教学目标可能会出现冲突。如果按照主体管理观来设计教学管理规章制度，教学管理者就会成为制度形式上的制定者（起草人）、执行者和监督者，广大教师和学生充分参与到制度的制定、修改、执行和监督中来。这种情况下，制度既体现管理者的意志，也体现被管理者的愿望，充分体现管理者与被管理者在人格和契约上的平等；而且，教学管理目标与教学目标容易协调一致。我国大学内部的教学管理规章制度一般是依据国家和政府主管部门制定的法律、法规和政策精神，在大学党委、校长和教学指导委员会等的领导下，由校部教学管理职能部门制定的；同时，院系在既定的管理职能和权限内，依据学校制定的教学管理制度，可以制定相关教学管理实施细则。不同管理观支配下的教学管理规章制度，其对大学教学管理工作的影响也是不一样的。

教学管理是大学内部管理的重要组成部分。作为一种管理活动，它具有一般管理的基本属性，大学教学管理制度的设计应当遵循管理活动的基本规律和现代管理科学的基本原理。但是，大学教学管理系统具有自身的特殊性，它不仅区别于企业管理、政府管理及其他事业性管理，而且有别于中小学的教学管理和大学内部的其他事务的管理。其特殊性主要源于大学组织的性质和特点，以及制度作用的主要对象——教师和学生的性质和特点。

系统中的教师和学生既不同于一般管理中的人的概念，也不同于教育领域中不同阶段的教师和学生的概念。高校教师作为具有较高学术水平的知识分子群体，学生作为接受系统高等教育的学习者，他们的价值观、行为方式，以及对待管理的态度、接纳管理的能力等都有其特殊性的一面。因此，高校教学管理系统正是以管理科学为基础，从高校教学这一特殊管理活动出发所形成的具有特殊性的独立系统。

因此，现代大学的教学管理应当提倡主体管理，应当秉承主体管理的理念，进行教学管理制度的建设和改革，既注意发挥校部（上级管理者）和院系（下级管理者）两方面的作用，又注意调动教学管理者和被管理者（师生）两方面的积极性，形成学校上下协调配合、被管理者与管理者双向参与的良性管理格局。主体管理要求教学管理制度的安排，妥善处理学校（上级管理者）与院系（下级管理者）之间、管理者与教师（被管理者）之间、管理者与大学生（被管理者）之间的关系。这三对关系是大学教学管理系统中的基本关系，它们之间的对立统一构成大学教学管理活动的基本矛盾。

三、大学教学管理体制下的集权与分权

集权与分权是管理活动中的一对重要矛盾。就大学教学管理而言，集权与分权的矛盾是处理学校（上级管理者）与院系（下级管理者）之间关系的一对基本矛盾。主要是如何合理划分校部（包括教务处等）与院系在教学管理上的职责与权限，从而既发挥学校层面在教学管理上的统筹、规划、协调、指导等职能，又充分保障院系在教学管理上的自主权，不断增强中层、基层

教学管理的活力，提高大学教学管理的效率。

（一）集权与分权的一般理论

管理可以分为宏观管理、中观管理和微观管理三个层次。每一个管理层次都有自己特殊的任务和职能。为了保证一个组织（或系统）有序、有效运转，需要对每一层次的管理职能和任务进行明确的区分，形成一个有序的职、责、权互相关联与互相衔接的整体，这就涉及管理活动中的一个核心问题——权力的分配问题，即集权和分权的问题。

1. 集权

集权有广义与狭义之分。广义的集权是指把政治权力集中于中央的制度。狭义的集权是指管理活动中的集中统一指挥。集权在管理活动中既有积极的一面，也有消极的一面：集权是进行集中领导、统一管理、统一指挥的主要手段。集权在决定方针政策、决定各职能部门设置，以及主要领导人员的选配等重大问题上有决定性的意义，一定的集权可以保证决策的专门化。因此，集权常常表现为效率高、标准一致，有利于统筹全局、贯彻指令。但是，集权超越一定的限度就会出现一些不良的现象：权力过分集中，就会导致管理的僵化和凝固，不宜照顾各方面的矛盾特殊性，影响下级人员自主性、积极性的有效发挥；权力过分集中，下级管理人员无权处理自己职责范围内的矛盾，容易促使矛盾上交，增加问题的复杂性；权力过分集中，会缩小管理幅度，增加管理的层级，而管理层级的增加又会影响信息的直接传递，降低管理效率。

2. 分权

分权即分散权力，是指上层部门将某些问题的决策权移交给下级部门。分权与集权一样，在管理工作中有利有弊。分权的有利方面体现在：分权可以减少上级管理人员的工作负担，从而使其有更多的时间和精力去思考重大决策问题；分权使下级管理组织拥有自己管辖范围的职权，能够激发其管理热情，发挥其创造性和聪明才智，调动积极性，提高工作效率；分权可以补救领导者自身的弱点和缺点，打破领导者个人知识和技术、精力和能力等方面的局限，可以发挥他人的专长，以起到互补的作用。但是，分权总是有限度的，超过一定限度就会产生"失控"。过度的分权会使下级自主性和独立性膨胀，产生各自为政和本位主义，导致管理系统的失衡和紊乱。因此，集权与分权适度才会对管理工作产生积极作用。

3. 集权与分权

集权与分权的核心在于授权。所谓授权，就是上级对下级授予的责任和权力，使其在上级领导的监督下能够相对自主地处理有关事务。上级授予下级的责任和权力多就是分权；上级授予下级的责任和权力少就是集权。授权是任何一个管理系统都必不可少的。一般说来，集权和分权的程度取决于组织的规模、决策指挥中心的控制能力及管理者等因素。首先，集权与分权的范围取决于组织发展规模，当组织规模较小时，权力可以相对集中，采用集权管理；而当组织规模较大时，则要求权力适当分散，采取分权管理。其次，集权和分权的范围取决于有关权力与全局工作的相关程度。凡与全局工作密切相关的重要权力，应当集中在组织的最高领导层，以保证组织能协调一致地完成总的目标；凡不影响组织活动全局、应该下放的权力就应该坚决分权，以减轻组织最高领导层的工作负担和压力，使其集中精力抓好大事，同时也利于更好地发挥基层管理人员的作用和提高工作效率。最后，集权与分权的程度取决于领导人自身的素质、能力和水平。在管理的其他条件相当的情况下，如果领导者能力强、水平高，则较适合采用集权制；反之，则适宜采用分权制。此外，集权与分权的确定还要看下级人员的能力和水平、下级组织可信赖的程度等其他因素。例如，当发生意外事故或紧急情况时，领导者应当及时授权。

（二）学术管理要求体现分权的理念

集权与分权天生就是一对矛盾，它们各有其长处和不足，不能简单地说哪种方式好，哪种方式不好，应当依据组织的性质、规模、上级和下级等因素而确定。大学本科教学管理适合采用分权模式还是集权模式呢？这需要对大学组织的性质和特点、知识（学术）管理的特点、大学教学决策的成本特点等因素进行分析。

1. 大学组织的性质和特点要求分权管理

从表面上看，大学是各个职能部门及院、系、研究所等组成的统一结构体系，其层次清晰，功能明确，管理有序。然而，在马奇等人看来，教育组织并非像人们所想象的那样，有统一而清晰的目标，技术线路明确，程序规范，每一问题与答案都存在唯一适切的联系；教育组织内部的无序远远超过有序，人员机构间的联系十分松散。大学这种"松散结合系统"有几个基本特征：组织目标不明确、组织结构不确定、组织运行不规则、组织管理不确定、组织决策难计划等。托尼·布什（Tony Bush）把松散结合系统的特征概括为九个方面：组织目标不明确；组织管理的手段和程序不清楚；组织中机构、成员自主和独立；组织结构不确定；越是高度专业化、规模较大，其内部运作越是无序；组织管理中参与者的流动性强；组织决策过程模糊；组织决策的无计划性；强调分权优势。

伯顿·R. 克拉克（Burton R. Clark）进一步分析了大学的性质和特征。他指出，大学本质上是一个围绕学科和行政单位组织的矩阵型组织。大学组织的特点主要包括这些方面：知识是学术系统中人们赖以开展工作的基本材料；教学和研究是制作和操作这种材料的基本活动；这些任务分成许多相互紧密联系但却独立自主的专业；这种任务的划分促使形成一种坡度平坦、联系松散的工作单位机构；这种机构促使控制权分散，等等。

上述有关大学组织的性质和特点说明，大学组织的管理运作与政府和企业等组织的运作原理有很大不同。例如，工商界以产出和利润作为统整目标和评估的依据，大学则并非如此。大学高度的专业化及其不同院系之间的松散状态，增加了其目标统整的难度。大学产出的是人的知识、能力和研究成果，而不同学科与不同知识领域的研究取向、研究成果的价值等都不相同，难以将它们统整到一个具体的目标之下。大学组织管理不同于其他组织事务的管理，它具有学术管理和行政管理的双重属性，在某种程度上，大学管理的学术性重于行政性。学术管理强调分权管理，强调民主管理。因此，作为一种学术管理，大学本科教学管理适宜采用分权模式。

2. 知识（学术）管理的特点要求分权管理

有效的决策必须拥有一定的相关知识，决策者掌握的相关知识越多，决策的有效性就越高。知识分为专门知识和一般知识。这里的专门知识是指在知识传递或转移过程中转换成本较高的知识，一般知识则指转换成本较低的知识。在不同组织、不同条件和不同环境下，决策所需要的专门知识、一般知识的绝对数量和相对数量都是不一样的。例如，相对于在比较简单的技术条件和小规模的组织中，决策者在复杂技术条件和大规模的组织中，就需要掌握更多的专门知识和一般知识。

F. A. 哈耶克（F. A. Hayek）是最早指出知识及其分工对组织决策有效性产生影响的思想家。他在《知识在社会中的利用》中指出，决策需要迅速适应特定的时间和地点环境，"最终的决策必须要由那些熟悉这些具体情况，直接了解有关变化，并知道资源可迅速满足他们需要的人来做出，我们不能指望这个问题通过事先把全部知识传输给一个全能的中央委员会，并由它发出指令这种途径来解决。我们必须通过权力分散化的方法来解决这个问题"。哈耶克的先驱性工作，为分析知识的分化如何影响组织结构及其在组织理论发展中的关键作用，提供了一个新的视点，即决策的有效性在很大程度上取决于决策权威和有关这种决策的重要知识的匹配，知识分化的结果需要分散决策权。当今时代，科学技术发展迅猛，知识更新和分化的速度加快，这种新趋势为学术组织的决策增加了难度。对于任何一位决策者而言，由于受自身认知和智力水平的限制（"有限理性"），他（她）不可能掌握决策所需要的全部知识和信息，只可能掌握知识集合中的一个微不足道的子集，尤其是在学科门类较多、规模较大的大学更是如此。这就决定着大学的校长和其他高层管理者，不可能成为大学各专业、各学科的"学术权威"。如果高层管理者对自己不熟悉的学术（教学和科研）问题进行集中决策，必然会因为缺乏相关的专门知识和信息而违背学术活动的规律，导致相关决策的失误，阻碍学术（含教学）的发展。因而，为了使决策收益最大化，高层决策者需要在组织内部分割和转让决策权，使决策权与可利用的知识相匹配。从这种意义上讲，大学学术管理（含教学管理）需要渗透分权管理的理念。

3. 大学教学决策的成本特点要求实行分权管理

按照现代管理理论和组织理论，集权和分权的程度是由决策的成本决定的。决策总成本是由目标不一致引起的成本（这里称之为"目标成本"）和由缺乏信息导致的成本（这里称之为"信息成本"）之和。在极端集权的情形中，目标成本为零，而信息成本却非常高。同样，在高度分权的情形下，信息成本很低，而目标成本很高。要确定集权与分权的最优程度，需要对信息成本和目标成本进行权衡，以使两者之和（总成本）最小。大学教学管理的学术性决定了其在决策成本上的两个相互联系的特点：

第一，大学教学决策的信息成本相对较高。大学的社会职能主要是通过教学和科研活动来实现的，而教学和科研具有很强的学术性和专业性。教师在长期从事专业学科的教学与研究实践中，逐渐形成了特定的专业学科所特有的处事习惯和思维方式。他们对本专业知识和学科体系的发展变化十分敏感；他们往往把对本专业知识与学科体系的深刻了解看得高于一切；他们崇敬"学术权威"，蔑视不懂专业知识、缺少专业造诣的"行政权威"；他们对于专业与学科之内在规律的服从，常常比对行政管理制度的服从更加自觉；他们对专业和学科的忠诚，常常比对行政组织的忠诚表现得更加主动。这就要求大学领导和管理者必须重视专业和学科权威，遵循专业和学科发展的内在规律，重视"内行"领导。但是，随着知识的不断更新、学科的不断分化，任何一个人都只可能掌握有限学科领域的有限的知识。对于自己不熟悉的专业和学科的学术事务，大学领导和管理者如果采取高度集权的方式，就会违背教学与科研的规律，就会导致决策上的失误。这样，就势必受到教师的抵制，使相关的决策难以执行，或者难以收到预期的效果。可见，大学教学决策的信息成本比较高，在学科门类较多、规模较大的大学里尤其如此。

第二，大学教学决策的目标成本相对较低。大学是一种强调学术性和非功利性的组织，这就决定了大学与企业严密的科层制和营利性存在本质的区别。大学及其职能部门都不以营利为目的，其"主业"是人才培养和科学研究，即使履行"社会服务"的职能，也多半以知识成果和智力作为基础。大学下属各院、系、所等中层和基层的决策，一般也以符合知识发展、符合学术发展的客观规律为依据。这就决定了大学的各层次之间学术管理的目标是基本一致的，其目标成本相对不高。也就是说，实行教学决策分权后，大学一般不会由于学术管理的目标不一致而产生较大的决策成本。

（三）大学教学管理体制下集权与分权的协调

大学教学管理是一种学术事务管理，它强调管理的"学术导向"，注重专业学科的内在规律及知识的权威性；同时，由于其决策的信息成本相对较高、目标成本相对较低，因此大学教学管理适宜采用分权管理，大学教学管理制度建设需要体现分权的理念。

对于大学组织内部各层次间关系的处理，明智的做法是分权而不是集权。只有权力分散，才能符合大学作为松散结合系统所具有的运作特征，也在制度上体现出大学内部学术活动的特点。事实上，在大学中有许多过细、过于具体的规划，过于强调等级分布的严格程序，要么形同虚设难以有效落实，要么对基层及个人约束太多，以至于使组织丧失发展的机会和活力。

按照分权管理的理念，大学领导和学校职能部门要重视对院系的授权，让拥有本专业和学科知识的人自主地做出在本专业和学科范围内的决策，让距离广大教师和学生更接近的院系做出本院系的教学决策。学科门类较齐全、学生规模较大的大学，以及多校区、多校园的大学，在本科教学管理上尤其需要推行分权管理模式。

大学本科教学实行分权管理具有以下一些优势：可以减少校领导及学校职能部门人员的工作负担，使他们有更多的精力思考和解决更重要的宏观教学决策问题；可以使院系拥有自己管辖范围的相应权力，能调动其积极性和创造性，提高管理效率和效益；可以弥补高层领导和管理者在相关问题上的知识缺陷，更好地发挥院系及教授等学术权威的作用；等等。然而，如前面所述，分权也是有限度的，超过一定限度，就会产生"失控"现象。

但是，现代管理理论也告诉人们，集权有集权的优势，分权也有分权的缺点。按照现代管理和组织理论，组织内部的上下层决策者之间的关系实际上是一种委托代理关系。相对于上层决策者，下层决策者是代理人，上层决策者是委托人。由于转让决策权，高层决策者将面临这样一个问题：从根本上说，接受决策授权的代理人是自利的，他们具有与委托人自身利益相背离的目标。具体到大学教学管理而言，大学各职能部门和各个院系为了自身发展的需要，会在资源占用和分配上背离学校的总体目标，即大学各职能部门、各个院系为了自身的发展，会尽量多地占用学校的人力、物力和财力资源，为本部门、本院系的发展服务。例如，院、系、所为了追求单位利益的最大化而过度无偿占用学校的资源，从而损害学校的整体利益。

因此，大学教学管理如果"过度"分权，可能会使院系的自主性和独立性过分膨胀，有可能各自为政和产生本位主义思想，导致大学教学管理系统的失衡和紊乱。所以，在大学教学管理制度建设和改革上，既要按照分权管理的理念进行制度安排和改革，又要在集权与分权之间保持适当的张力，从制度上避免分权管理潜在的一些弊端。

总之，大学本科教学管理适宜采用分权管理模式。在大学教育规模不断扩大，学科专业不断分化，大学校区、校园不断增多的现实背景下，强调本科教学的分权管理体制，更具有紧迫性和现实针对性。然而，在强调教学管理要体现分权理念的同时，也不能否定校部及其职能部门在全校性教学工作中的统筹、规划、监督、评估等职能。否则，大学就失去了其作为规范型组织赖以存在的基本依据。在本科教学管理体制改革上，既要保障校一级对全校本科教学工作的统筹、规划和宏观管理，又要保障院系在所管事务上有相对充足的自主权和自由度，以激发院系及广大师生的积极性和创造性。用一句话说，大学本科教学管理体制既要保证校部实现"掌舵式管理"，又要保证院系开展"划桨式管理"。

第三节　高校教学管理的自由理念

控制与自由的矛盾集中反映了大学教学管理制度中管理者与教师、管理者与学生之间的关系。也就是说，教学管理制度要解决这样一对矛盾：既保障教师"教"和学生"学"的自由，又能有效实施对教学过程的控制，从而实现学校总体教学管理目标。

一、控制与自由的一般理论

控制与自由也是管理中的一对基本矛盾。控制的理念来源于古典管理理论——科学管理法。按照"科学管理之父"——泰勒（Taylor）的管理思想，管理的中心问题是提高劳动效率，而提高劳动效率的手段是用科学的管理代替传统的管理；在管理实践中，要通过建立各种明确的规定、条例、标准，使管理科学化、制度化。泰勒主张在劳资之间实行职能分工，由经营者承担"计划"（管理）职能，由工人担当"执行"（作业）职能。泰勒的科学管理思想是以重视经济动机的"经济人"假设为前提的。科学管理理论侧重研究物的或事实的方面，而不注重人的或价值的方面；强调管理法规的约束功能，不注意研究人的行为；着重解决如何提高效率的问题，不注意研究管理措施与整个社会的关系。因此，有人将它称之为"人机关系技术论"。控制理念下的管理必然是一种刚性管理。

管理上的自由理念则来源于现代管理科学的相关理论。现代管理科学突破了传统管理理论所谓"经济人""社会人"等的人性假设，重视人的自主性和自我实现的需要，把人更多地看作"自我实现的人""复杂人"。其中，人本管理、柔性管理、模糊管理等理论是这类现代管理理论的突出代表。

（一）人本管理

现代管理学中的人本管理是指以人的全面和自由的发展为核心，创造相应的环境，以个人的自我管理为基础，以组织的共同目标为引导的一种管理观念和模式。它要求管理活动以"人"为中心，要求管理者将组织内人际关系的处理放在首位，维护人格的尊严，依据员工的需求、动机激励其士气。按照人本管理观，"人"既是管理的手段，又是管理的目的，是手段和目的的辩证统一。

人本管理有两层基本含义。一是以"人"为中心的管理，确立人在管理中的主导地位，把人作为管理的主体。管理的根本任务是调动人的主动性、积极性、创造性，最大限度地挖掘人的潜能。二是要把"人"当"人"去看待，以谋求人的全面与自由发展为终极目标，努力为满足人的自我实现需要创造条件和机会。在人本管理中，个人的潜能得到了激发，组织也因此达到了最大的绩效，即组织的成长与个体的发展实现了协调统一。人本管理落实到管理活动中，就是坚持以人为本的原则，从一个完整、科学的意义上去理解人，即管理者不仅关心人、激励人，而且注意开发人的潜能，促进被管理者人性的丰富和完善，促进人的全面发展。换言之，使人成为现代管理的出发点和归宿。

以人为本将发展的逻辑起点与终极目标归结于人自身，突出人在发展中的主体地位和作用；强调发展是人的发展，发展是为了人的发展，人是发展的动力，是发展的关键因素。大学管理应当坚持人本管理的基本理念。

（二）柔性管理

柔性管理理论提出，现代管理除了具有古典管理学家提出的计划、组织、指挥、控制、协调等基本职能外，还具有教育、协调、激励、互补等职能。柔性管理是一个从内容到形式都极其丰富的管理，它具有模糊性、非线性、感应性、塑造性和滞后性等基本特征。

首先，在质的方面，柔性管理表现为模糊性。管理是以人或组织为对象的，人的心理倾向和行为向度都是模糊的，其绝大多数时候是处在两个极端值的中间状态。因此，要求相应的思维方法和工作方法必须适度、客观。

其次，在量的方面，柔性管理表现为非线性（不可加性）。人的潜能具有很大的弹性，它因人、因境、因时而定。柔性管理的非线性特征主要表现有两点：一是工作中投入的精力与产生的效果呈非线性关系；二是个体人数与总体功能呈非线性关系。

第三，在方法上，柔性管理强调感应性。人与人之间感情的建立依靠理解和尊重，依靠对真理的崇尚和对美好的向往，依靠人格的高尚和互动的心灵，依靠不息的激情和至诚的精神……而这一切都与权力无缘。柔性管理的一个基本方法就是通过心灵沟通、感情认可，从而在自觉、自愿的情况下主动发挥人们潜在的积极性。

第四，在职能上，柔性管理表现为塑造性。表面的规定和服从只具有外在的作用，只有从心理上接受、从观念上转变才能真正产生"效忠行为"。柔性管理是塑造精神的高尚工作，一旦这种塑造成功，便在行为的质的方面表现出自觉性、持久性、抗干扰性等特点。

第五，在效果上，柔性管理常常表现为滞后性。柔性管理效果的滞后性是指从开始工作到发挥作用，会有一定的时间差。这一时间差揭示了柔性管理在效果上的周期性。这一特点要求人们在管理工作中不能急于求成，不能急功近利。

柔性管理与人本管理之间存在密切的联系，但二者并不是一回事。柔性管理是在研究人们的心理和行为规律的基础上，主张采用非强制的方式，在人们心目中产生一种潜在的说服力，从而把组织意志变为人们自觉的行动。从柔性管理概念的内涵可以看出，它是一种更加深刻、更加高级的管理，是一种充分体现理性、体现自由的管理。柔性管理强调内在重于外在、直接重于间接、心理重于物理、个体重于群体、肯定重于否定、身教重于言教、务实重于务虚、执教重于执纪等基本原则。

（三）模糊管理

模糊管理是支撑自由理念的又一个重要理论依据。英国莱斯特大学教育管理教授布什在《当代西方教育管理模式》一书中，根据管理的性质和作用，把各种管理模式分为六大类。其中，模糊模式包括所有强调组织的无法预测性和易变性的理论。根据这种理论，组织的目标都是不确定的，按目标的次序来开展工作是困难的；学校组织系统内各部分之间的联系都是松散的；决策往往是在参与者不确定的状态下做出的；模糊性是学校这样的组织的普遍特点。这种模式认为，以往关于决策的选择理论过低估计了进行决策的混乱性和复杂性。布什概括出模糊模式的九个主要特征。

第一，组织目标不明确。他认为，教师的专业自主权能够使他们自由地确定自己的实际工作目标，并落实在工作中，而且学校中不同的成员可能对目标有不同的理解，或者对同一目标的重点有不同的看法。因此，组织没有一致的、明确的目标。目标的模糊性使任何意义上的教育目标的实现都不可能成为学校管理工作的中心。

第二，组织管理的手段和程序不清楚，管理的过程也难以明确。这在工作对象是人的学校组织中尤其如此。事实上，对于想让学生学什么，学生应该如何学，以及学生已经学到了什么，教师通常并不十分清楚。

第三，组织具有分解和松散联结的特征。松散联结是指联结的各个方面都是互相影响、互相作用的，但是每个被联结的方面也仍保持它自身的特征，具有一些逻辑的和物质的独特性。它们之间的联系是有限的、不经常的，影响是微弱的。

第四，组织的结构不确定。在教育组织中，组织各部分权力和责任是互相重叠的，权力的范围是不清楚的。组织结构越是复杂，潜在的模糊性就越大。正规组织结构的模型掩盖了这种模糊性的存在。

第五，模糊模式尤其适合以人为工作对象的专业性组织，学校组织正是如此。学生通常都希望对有关决策发表自己的意见，教师往往希望对学生的需要做出及时的反应，而不是在等级制中的上级领导的直接监督指导下进行工作。

第六，提倡模糊性的理论家强调组织管理中参与者的流动性，即参与决策的成员时多时少，无法固定。

第七，模糊性的一个重要来源是组织所处环境的信号释放。现代教育机构的生存与发展越来越依赖外部的环境。开放宽松的教育模式方便家长对学校施加更多的影响和压力。

第八，组织的决策通常是一种无计划的决策。模糊模式认为，正规模式中按计划、有步骤地进行决策的过程，在实际工作中几乎不存在。问题、解决问题的方案，以及参与解决问题者这三方面因素，在相互影响、相互作用等的无序状态下产生出最终的决策方案。

第九，模糊模式强调分权的优势。它认为，既然组织具有复杂性和不可预测性，那么就应该将许多决策权移交给下级单位和个人。

人本管理、柔性管理、模糊管理是相对于科学管理、刚性管理、量化管理而言的。长期以来，人们重视带有强制色彩的刚性管理和量化管理，强调被管理者的遵守和服从，强调被管理者完成数量指标，否则便给予各种惩处。而柔性管理、模糊管理等理论既体现了一般管理的本质——控制和协调，又体现了现代管理的新理念——"人本"和"柔性"，因而本质上支持现代管理的自由理念，顺应人们心理和行为的基本规律。

二、教学管理要求体现自由的理念

教学管理中的自由理念，与现代管理理论中的柔性管理、模糊管理等理论是一致的。大学教学管理制度需要体现的自由理念，也就是柔性管理，或者说弹性管理的理念。它要求尊重学生的兴趣，发挥学生的特长，满足学生学习的愿望；它强调尊重师生个性的发展，增加学习的选择性，加强管理的弹性。一言以蔽之，它重视教和学的自由。

（一）学习自由是大学生自由发展的前提条件

按照古希腊哲学家的观点，个人只有在自己"自主"时才是真正"自由的"或充分"发展的"。大学教育过程的真正主人原本就是大学生自己，学校和教师只不过是学生成长和进步的服务者和助跑器而已。大学教学管理者必须树立"一切为了学生"的指导思想，通过调动学生内在的积极性和创造性，促进其生动活泼地发展，不能寄希望于刚性的管理制度来"强迫"学生发展。联合国教科文组织早在《学会生存——教育世界的今天和明天》报告中就提出了这样一条基本原则："现代教学，同传统的观念与实践相反，应该使它本身适应学习者，而学习者不应屈从于预先规定的教学规则。"违反这一原则，大学教学管理工作是很难做好的。

德国哲学家雅卡尔·西奥多·雅斯贝尔斯（Karl Theodor Jaspers）早就对大学生学习自由问题进行了深刻的阐述。在他看来，大学生是能够独立自主地把握自己命运的人，他们应该获得学习的自主和自由，而不应完全听命于规章制度。他指出：大学生是未来的学者和研究者。原则上，学生有学习的自由，他再也不是一个高中生，而是成熟的、高等学府中的一分子。如果要培养出科学人才和独立的人格，就要让青年人勇于冒险，当然也应允许他们有懒惰、散漫，并因此而脱离学术职业的自由。如果人们要为助教和学生定下一系列学校的规则，那就是精神生活、创造和研究的终结之日。在这种状况下成长起来的人，必然在思维方式上模棱两可、缺乏批判力，不会在每一种境况中寻找真理。

通过一连串的考试，一步步抵达目的地，这种方式对不能独立思考的人来说是十分有利的，而对有创造精神的人来说，考试则意味着自由学习的结束。大学应始终贯穿这一思想理念：大学生应是独立自主、把握自己命运的人。如果经过严格挑选出来的大学生，在整个学习期间仍要走一条由学校规定、控制的安稳之路，然后到达其终点，就不能称其为大学生了。

学习自由是大学生个性和创造性的基石。自由、个性、创造三者之间紧密联系，它们组成一条自由创造的生态链。爱因斯坦曾说过："任何一种伟大高尚的事物，无论是艺术作品还是科学成就，都来源于独立的个性，只是在文艺复兴使人有可能不受束缚地发展自己的时候，欧洲文化才在打破窒息的停滞状况方面取得最重要的突破。"教育只有一个模式，那就是一种最不应该讲究模式的"模式"。因为教育的基本目的在于使每个人成为他（她）自己，成为他（她）超越本我的自我，成为自由创造者。大学生个性和创造性也需要自由的制度来保障。

（二）教学自由是教师专业发展的基本保障

对教师教学活动的管理也要体现自由的理念。大学教师的教学活动具有很强的专业性和独立性，其方法不太确定、情境变化无常、工作成果难以客观评价等。因而对大学教师教学工作的管理，固然需要相关的管理制度来规范，但更需要依靠广大教师的自觉和自律。要保障大学教师的专业自主权，赋予其在教学上的自由。对于教师来说，教学就像一条实践的河流，河水是流动的、变化的，没有简单的起始与终结之分，教师面对的始终是变动不定的教学实践情境。如果我们切身体察处于教学第一线的普通教师所面临的困惑，我们将不得不承认：教学的问题主要不是理论的或技术的问题，而是一个实践的问题，是一个教师在教学现场如何行动的问题。

总之，大学教学过程不仅仅是知识传递的过程，更是一个知识再生产和再创造的过程。各种机械划一的管理规定，将会导致教师被动地教，学生机械地学，其结果只能是阻碍大学生自由地发展，阻碍大学教师创造性地工作，从而阻碍大学教学生产力的发展。因此，大学本科教学管理既要强调规范意识，又要体现教学自由的理念。一方面，制度要对教师教的行为、学生学的行为进行必要的规范，以保证教学管理目标的实现；另一方面，制度也要体现教学自由的理念，能够激励教师创造性地教，激励学生生动活泼地学。

三、大学教学管理制度中控制与自由的协调

良好的管理应当"既有纪律，又有自由，既有统一意志，又有个人心情舒畅"。这里包含两重含义：一是要有能够集中反映组织成员利益和意愿的恰当的组织目标和组织规范，使组织规范尽可能成为每个成员的自觉行为；二是既要有严明的组织管理，以保证组织目标的实现，又要恰当把握约束的尺度，尊重组织成员个人的自由，从而更好地调动每个成员的积极性。也就是说，在组织内部的管理制度建设上，要在控制与自由之间寻找平衡点，实现"统而不死""放而不乱"。因此，大学本科教学管理制度中自由理念的体现，要求制度的安排把握好刚性与弹性的度，妥善处理好制度中控制与自由的矛盾。

（一）大学教学管理目标需要基本的规范来实现

管理制度是组织存在和有序活动的保证。没有规矩不成方圆。大学作为一种规范型的组织，为了保证教学最基本的秩序，为了提高教学管理的效率，为了实现教学管理的基本目标，建立相应的管理制度是实施教学管理不可缺少的要素。因而，大学教学管理活动必须建立在一定的管理规范约束基础上，不是盲目地、随意地管理，不是在管理过程中放任自流，任何人（包括教师和学生乃至管理者本身）都应当自觉遵守教学管理制度，自觉维护教学管理制度的权威性。

然而，不管什么形式的管理制度，它生来都具有约束其成员行为的属性，即任何组织成员都会受到内部某种制度（含风俗习惯）的约束。而自由又是人们按照自己的意愿行动的权利。管理制度对组织成员行为的强制约束作用，也就是对组织成员的行为自由的限制作用。不过，当一定的制度所规范的行为已经成为组织成员高度自觉的行为时，组织成员的行为自由就不会再感受到这种约束和限制。因此，大学不仅要加强教学管理制度的建设，还要通过制度的制定、执行和完善，使之逐渐成为广大师生员工自觉的行动，成为大学文化的重要组成部分。

（二）大学教学管理制度需要具有一定的弹性

大学教学管理系统需要一定的管理制度，但是大学教学管理的性质和特点决定了大学教学管理制度必须富有弹性，必须具有一定的灵活性。大学教学活动是一种精神性、学术性的活动，是一种文化活动，它不以追求直接的功利为目的。大学活动的文化特性要求相应的管理制度具有一定的弹性，要求制度更多地体现对师生的人文关怀，以保障大学文化传承和创造的必要环境；而等级森严、整齐划一、约束过度的管理制度将会禁锢师生的思想，扼杀大学教师的学术创造力和大学生的个性。因此，大学教学管理制度建设要体现人本管理的理念，要体现柔性管理的原则，从而保障教和学的自由。

现代大学教学管理制度的建设也要坚持这样一种价值取向，即注重柔性教学管理规范的设计和建设。即使是刚性的管理规章制度，也要处理好提高教学管理效率与对师生的理解、尊重、信任和关心之间的关系，以形成一种能够充分激发师生教与学积极性的组织规范体系。

鉴于大学组织形式的特殊性，如组织目标的模糊性及"有组织的无政府状态"，现代大学制度应避免外在的强制和控制，即尊重无形的，但却是心照不宣、约定俗成的，来自内在的心理约束的，大学成员共同认可的惯例或习俗。

刚性的、基于科层制的制度安排虽是支持大学组织运行的不可缺少的要素，但不能本末倒置，维护大学组织的文化特性和文化精神才是现代大学制度建构的根本取向。大学组织的特殊性要求其"内协调"的制度安排不同于一般制度的刚性化、标准化，而应是弹性化、个性化。

总之，大学本科教学管理制度的建设，既要体现学校的意志和利益，又要保障师生的自由和利益，要在教学活动的控制与自主、约束与自由之间保持适当的张力，努力营造开放、自由、协调、宽松的大学教学管理制度环境。

第四节　高校学校管理的服务理念

管理与服务是现代管理的又一对基本矛盾。高校教学管理制度中的管理与服务，集中反映了高校教学管理中管理者与教师、管理者与学生之间的矛盾。这里强调的是教学管理制度如何保障教学管理者既当好"指挥官"，又当好"服务员"，既履行管理职责，又履行服务义务的问题。

一、管理与服务的一般理论

"管理"是管理者的基本职能，这本来是毫无疑问的事情。管理过程学派的创始人亨利·法约尔（Henri Fayol）认为，计划、组织、指挥、调节、控制等是管理者的基本职能。他根据切身经验提炼出管理活动的十四项原则，即分工、权限与责任、纪律、统一指挥、统一领导、个人利益服从整体利益、公平的报酬、集权、阶层、秩序、公正、职工的稳定、创造性、团结。美国的卢瑟·古利克（Luther Gulick）在《管理科学论文集》中，把管理职能理论加以系统化，提出了著名的管理七职能学说，即计划、组织、人事、指挥、协调、报告、预算。但是这些职能只能称其为传统意义上的管理职能，传统的管理重事、重物，不重人，是一种"科学管理"，是一种"客体管理"。在传统的管理思想指导下，管理者与被管理者之间的关系是一种命令与服从、控制与被控制的关系。

但是，按照现代管理理论，仅仅依靠"科学管理""客体管理"是远远不够的，管理者还必须重视人的因素，关心人、尊重人、依靠人，实现人的发展与事业发展的"双赢"。这就意味着，传统管理者的角色发生变化，从纯粹"管人的人"逐渐转变成既要履行管理职责又要履行服务义务的管理者，即除了履行组织、指挥、控制等职能外，管理者还要扮演"服务员"的角色，为确保实现管理目标，向被管理者提供知识的、信息的、物质的、精神的等各种相关服务。这就是所谓"领导即服务""管理即服务"等类似命题的真正内涵。

"管理即服务"的命题来源于人本管理理论。人本管理理论是20世纪80年代以来，西方管理学科发展的主要潮流和趋势。理论界关于人本管理的内涵和外延尚有争议。有位学者在总结各家观点的基础上，给人本管理下了如下定义：一种把"人"作为管理活动的核心和组织最重要的资源，把组织全体成员作为管理的主体，围绕如何充分利用和开发组织的人力资源，服务于组织内外的利益相关者，从而同时实现组织目标和组织成员个人目标的管理理论和管理实践活动的总称。

人本管理理论强调，要实现从重视"硬管理"到重视"软管理"的转变，从"手段人"到"目的人"的转变，从重视理性到重视情感的转变。简单地说，就是在管理活动中把人作为管理的核心，根据人的心理规律，提高对行为的预测和控制的有效性，创造条件，使被管理者从心理上产生高昂的精神、奋发的热情和自觉的行动。有的学者指出，当代管理学的人本管理取向同我国儒家"仁爱管理"精神是完全相通的，儒家在管理思想上的一个鲜明特点就是强调管理要以人为本。这种说法不是没有道理的。

人本管理理论认为，人是具有自觉性、能动性和主体精神的人，是社会的主人，从而可以更有效地指导现代管理实践。这反映在管理实践中就是要注重员工的培训，促进员工的个人发展，改善劳动制度，加强感情投资，实施参与管理，培养员工的合作精神，注重领导方式的灵活性。其中，促进组织成员的发展，为其提供良好的服务，则被看作信息时代实施人本管理的关键。

二、学校管理要求体现服务的理念

人本管理理论为分析现代学校管理提供了有力的依据，为建设柔性的大学教学管理制度提供了理论支持。现代学校管理要体现服务的理念，学校管理中的服务至少有两层含义：一是建立有效的教育教学支持服务系统，满足教书育人活动的需要；二是转变计划体制下高等教育"卖方市场"的思维模式，把学生当作大学教育的"消费者"和"顾客"来对待，实现学校管理机制的创新。

（一）大学教师管理的特点要求体现服务理念

大学教学管理的主要对象是教师和学生。然而，教师和大学生既是管理的对象，又是管理的主体。大学教师是一个具有较高知识层次的特殊职业群体，其特殊性主要表现在三个方面：第一，教师具有较高层次的需要。依据马斯洛需要层次论，教师除了具有较低层次的生理、安全等需要外，对较高层次的爱与归属、尊重、自我实现等需要有更强烈的追求。第二，教师具有管理者和被管理者的双重身份。他们既是教学管理活动的客体，又承担着管理教学过程的责任，具有较强的自主性倾向。第三，教师的工作是独立性较强的脑力劳动，而脑力劳动是无形的，其劳动强度、额度、进度、质量很难加以量化控制，在更大程度上取决于人的自觉性和责任感等。大学教师的这些特点，使其在本质上超越了被理性主义视为可以通过制度和利益机制进行诱导和控制的"经济人"的范畴，也不只停留在行为学派所认为的追求友情、安全感、归属感、尊重等社会和心理需要的"社会人"的阶段，而推进到以追求价值观、信仰和自我实现为中心的"文化人"的阶段。因此，大学教学管理应当重视教师的这些特点，树立"以教师为本"的思想，在教学管理制度中体现为教师服务的理念。

（二）大学生身份的转变要求体现服务理念

在计划经济体制下，高等教育完全是一个卖方市场。卖方市场是以卖方（学校）为主体、以卖方为主导力量的市场，买方（学习者）别无选择。在卖方市场条件下，高等教育的运行机制是"以教定学"，即大学提供什么样的教育，学生就接受什么样的教育。随着我国经济体制的转轨及信息社会的到来，高等教育正在由卖方市场变成买方市场。买方市场是以买方为主体、以买方为主导力量的市场。在买方市场条件下，高等教育的运行机制是"以学择教"，即大学生需要什么样的教育，大学就设法提供什么样的教育。

当一个受教育者变成了主动探索的学习者，他就不再是纯粹的受教育者，而是教育的选择者、使用者、消费者和评判者。这时候，教育不再是卖方市场，而是买方市场。在新的时代和新的社会背景下，大学正逐渐变成"教育超市"，大学生正逐渐变成"教育超市"中的自由选购者。这就要求现代大学教学管理要强化服务理念，把为教设计的教育变成为学设计的教育，为大学生学习的进步和个性发展提供全方位的服务。

三、大学教学管理制度中管理与服务的协调

按照现代管理的要求，大学教学管理既要体现管理活动的自然属性——组织、指挥、协调与控制，又要充分体现对教学活动的支持服务。对教学管理者而言，这本身是一对基本矛盾。大学本科教学管理制度要体现管理活动的服务性要求。

大学教学管理者的权利与义务是对应的。服务是权责统一的基础，权力是服务的工具，责任是服务的体现。权力越大，服务的责任越大。服务并不意味着管理者身份的降低，而意味着其职责范围的扩大，其管理职能的延伸。

因此，仅仅通过制度明确大学教学管理者的权力和职责是不够的，还要通过必要的法律程序明确其相应的管理义务。只有在制度上明确了教学管理者应该为师生做些什么事情、做到什么程度、做不到或做不好应该受到怎样的处罚等，才能真正约束大学教学管理者履行管理义务，全心全意地做好相关的教学服务工作。

大学教学管理者对教学进行管理显然是十分必要的，但是大学教学管理者对教学的指挥、控制是有限度的，不是绝对的、无止境的；相反，大学教学管理者为师生提供的教学支持服务却是绝对的、无限的。随着高等教育市场的逐步成熟，终身教育体系的逐步形成，大学越来越难以维持其"卖方"的地位，越来越难以扮演知识及其标准的垄断者角色，大学教学管理者也会逐渐失去其原有的"指挥官"地位，其最适当的角色将是成为学习的帮助者和服务员。要从制度上明确教学管理者如何为实现教学目标和学习目标服务。此时，所谓的教学管理制度应当建成"教学服务制度"或者"学习服务制度"。也就是说，大学教学管理者能做的，是直接或间接地帮教、帮学，为教师的学术发展服务，为大学生的成长和进步服务。

从上述分析可知，大学教学的管理与服务职能是相辅相成、相得益彰的。一方面，要通过制度保障管理者全心全意为教学服务，尊重并尽力满足师生的各种教学需要。例如，健全和完善教师定期培训和进修制度，提高其业务能力，使其创造性地投入教学；从大学生多样性的学习需求出发，为他们提供学习指导、信息咨询、资源保障、教育诊断等各种学习服务。另一方面，要通过健全教学支持服务系统（体系）来满足教师和学生的多种需要。如通过各类管理人员积极有效的管理行为，为教学活动提供物质和精神保障，开辟经费渠道，改善教学条件，为师生创造一个良好的教学环境。

第四章

高校教师队伍的建设

第一节　高校教师队伍的规范与规划

一、高校教师队伍的特征

对于不同类型、不同层次的学校来说，教师队伍的整体状态及他们所表现出来的特征是不同的，但是教师作为一个职业群体在社会组织成员中扮演的角色内涵是相通的。

（一）高尚的精神追求

学校得以持续生存与发展靠的不仅是硬件的实力，还有学校的精神，特别是一支富有积极向上精神的教师队伍。教师追求高尚的精神境界，是因为他们把教师职业所倡导的职业道德内涵看作无限荣耀的信仰。无论是小学教师，还是大学教师，他们无不执着地追求这种信念——爱国守法，爱岗敬业，关爱学生，教书育人，为人师表，终身学习。因此，一支优秀的教师队伍必须要求教师具有高尚的精神追求，甘于清贫，耐得住寂寞，在自己的岗位默默奉献知识和能量。

（二）精诚合作的团队意识

教师是主导教学活动的组织者和协作者，这就要求教师无论是在课程教学活动中，还是在教学学术研究中都要凝聚力量，与他人精诚合作，以达到教学效果的最佳状态。在基础教育阶段，教师担负的教学任务十分繁杂，这就要求教师之间密切地配合，教研组发挥凝聚作用，强化教学团队，实现教学资源的优化配置和科学利用。高等教育相对于基础教育来说，课程教学的专业性增大，科研领域和方向相对分散，但是合作研究、互惠互利、资源共享往往是高等学校教学队伍表现出来的专业特长。因此，一个优秀的教学团队的教师之间要有合作，共同促进教学能力的提高。

（三）高超的学术水平

教师的学术水平高低体现于学术意识高低上。学术意识要求教师不仅是学生学习的指导者，更是课程的研究者。因此，教师必须具有创新意识，钻研教材，探索新教学方法，激发学生的学习兴趣，倡导研究性学习，敢于突破常规。教师只有具有创新精神和创新意识，才能培养出具有创新能力的学生。

高校教师应以教学为本，但是也不能忽视科学研究对教学质量的促进作用。教学与科研应该是相互依存、相互助长的辩证统一关系，我们要鼓励高校教师在教学和科研方面都得到发展。一个优秀的教师不仅要教书育人，还要积极投入教育科研之中，不断总结自己的教育成果，认真反思，探索新的教育理念和方法。

（四）终身的学习热情

"师者，所以传道受业解惑也。"知识社会对高校教师提出了更高的职业要求，高校教师要想跟上知识更新的速度，站在学科和学术研究的前沿，就必须树立终身学习理念，不断补充新的知识，才能把最前沿的科学文化知识教授给学生。终身学习，不仅需要不断地更新知识，还要学会更新教学方法和手段。MOOC（大规模开放网络课程）已应用于世界许多国家的高等教育中，信息化时代所倡导的课堂教学多媒体化和以学为中心的翻转课堂教学模式等都要求教师不断接受新事物，不断更新知识和教学方法。

二、高校教师队伍职业规范

（一）高校教师职业道德规范

职业道德的概念有广义和狭义之分。广义的职业道德是指从业人员在职业活动中应该遵循的行为准则，涵盖从业人员与服务对象、职业与职工、职业与职业之间的关系。狭义的职业道德是指在一定的职业活动中应遵循的、体现一定职业特征的、调整一定职业关系的职业行为准则和规范。职业道德既是从业人员在进行职业活动时应遵循的行为规范，又是从业人员对社会所应承担的道德责任和义务。不同职业的人员在特定的职业活动中形成了特殊的职业关系、职业利益、职业活动范围和方式，由此形成了不同职业人员的道德规范。高校教师的职业道德可以从以下六个方面进行阐释。

1. 爱国守法

爱国守法是对高校教师政治素质的要求，也是考量中华人民共和国每一位公民素质的基本要求。爱国，要求教师热爱祖国，热爱人民，拥护中国共产党的领导，拥护中国特色社会主义制度。守法，要求教师遵守宪法和法律法规，贯彻党和国家的教育方针，依法履行教师职责，维护社会稳定和校园和谐，不得有损害国家利益和不利于学生健康成长的言行。守法，也就是"依法执教"。所谓依法执教，就是教师要依据法律法规履行教书育人的职责。一方面，教师的教育教学行为在法律法规所允许的范围内进行；另一方面，教师要善于利用法律手段来维护自身的合法权益。依法执教是依法治教的主要体现和重要保障，这里强调了学校教师在教书育人的过程中必须按照法治精神和法律规定行使职业权利，履行职业义务，让法律成为教师和受教育者的"保护者"。依法执教，不仅要求教师知晓教育法律及其相关法律对教师教学行为的授权与许可、约束与禁止，还需要廉洁从教，即严格执行教育戒规，以更加严格的规则要求自己，恪守"禁令"。

2. 敬业爱生

教师是社会美誉度较高的职业，教育是全社会普遍关注的事业。人类社会的进步与发展在于教育水平的提升，而教育发展的根本动力在于一大批教师对教师岗位的热爱、对教育事业的敬仰。敬业，要求教师忠诚人民教育事业，树立崇高职业理想，以人才培养、科学研究、社会服务和文化传承创新为己任。恪尽职守，甘于奉献，终身学习，刻苦钻研。敬业需要爱岗，爱岗是对教师角色的热爱，因为教师是一支蜡烛，点燃了自己，照亮了别人；因为教师是浇灌花朵的园丁，万紫千红是教师的最爱……敬业，是把教育看作比自己亲人还敬重的偶像。爱生，要求教师真心关爱学生，严格要求学生，公正对待学生，做学生的良师益友，不得损害学生和学校的合法权益。高校教师要关心爱护全体学生，无论是优秀学生还是成绩差的学生，无论是本院系的学生还是来自其他院系的学生，要尊重学生的人格，以平等、公正的原则行使对学生学业成绩的公正评价权；严格要求学生，耐心辅导答疑，不讽刺、挖苦、歧视学生，特别是不体罚或变相体罚学生；保护学生合法权益和人身安全，以自己的最大努力，促进学生全面、自由、健康发展。

3. 教书育人

教书，是教师的本分；育人，是教师的天职。自古以来，教书育人是人们对教师的讴歌和赞美，从而也奠定了教师职业形象的崇高与伟大。一个优秀的教师不仅仅是把书较好，更是通过教书的过程把受教育者培育成为对社会、对人类有用的公民，这也是教师的政治素养。从育人的高度来看，教师必须坚持育人为本，立德树人，把育人作为教师的根本职责；遵循教育规律，实施素质教育，改变传统的教育观念和学习方式，让学生从被动的学习模式中解放出来，成为学习的主导者；注重学思结合，知行合一，因材施教，不断提高教育质量。从教书的和谐性来看，教师作为尊长，与学生的关系需要建立在和谐相处的环境中，因此要求教师严慈相济，教学相长，诲人不倦，并学会向学生学习现代信息科学和其他科学知识；要尊重学生个性，促进学生全面发展，一个优秀的教师从来都是尽自己最大的努力满足学生的学习需求。

4. 严谨治学

严谨是一种科学的品格，一丝不苟，求真务实，绝不人云亦云，随波逐流；严谨是一种谨慎的态度，在当今物欲横流的学术环境中能够理性面对、洁身自好，而不追风赶潮。治学是对科学的不断探索，特别是在学术自由理念下对科学真理和人文真谛的不懈探索与追求。治学是教师的精神寄托，更是一种高校文化，而这种文化主要体现于高校教师身上所拥有的严谨的学风、渊博的学识、优雅的学品。严谨治学，要求教师能够"弘扬科学精神，勇于探索，追求真理，修正错误，精益求精"，努力使自己成为学科专业的尖端人才；要求教师能够"实事求是，发扬民主，团结合作，协同创新"，不断取得新的成就；要求教师能够"秉持学术良知，恪守学术规范""尊重他人劳动和学术成果，维护学术自由和学术尊严""诚实守信，力戒浮躁""坚决抵制学术失范和学术不端行为"。

5.服务社会

伟大的人民教育家陶行知在20世纪20年代提出"社会即学校"的教育思想，主张用社会各方面的力量，打通学校和社会的联系，创办人民所需要的学校，培养社会所需要的人才。在陶行知这一教育思想影响下，教育服务社会的理念深入人心。在抗日战争时期，他提出教育必须为民族革命和民主革命服务的主张。而今，中国已经成为世界高等教育大国，这就更加需要我们的高校教师能够以更加宽阔的胸怀拥抱社会，为科技进步与文化繁荣贡献自己的力量。因此，高校教师要勇担社会责任，为国家富强、民族振兴和人类进步服务，成为时代的先驱者；要传播优秀文化，普及科学知识，成为文化的传播者；要热心公益，服务大众，成为生活的引导者；要主动参与社会实践，自觉承担社会义务，积极提供专业服务，成为社会管理创新的参与者。

6.为人师表

教师是人类灵魂的工程师。为人师表要求教师成为学生的表率，成为公众效仿的楷模。学为人师，行为世范，是为人师表的核心内容；教师要淡泊名利，志存高远，决不为蝇头小利而丧失人格，也不为权势利诱而随波逐流；要树立优良的学风教风，以高尚师德、人格魅力和学识风范教育感染学生，努力让自己成为学生心目中最喜爱的老师；要模范遵守社会公德，维护社会正义，引领社会风尚；要言行雅正，举止文明，体现教师高雅的文化素养；要自尊自律，清廉从教，以身作则，决不利用一切可能利用的关系和便利条件谋取私利；要自觉抵制有损教师职业声誉的行为。

（二）高校教师职业发展要求

1.学科专业理论基础

首先，高校教师应具备某一学科门类的专业知识，尤其是具有博士学位的高学历者，其学科专业的理论基础应当更加坚实。然而，事实并非如此。一些号称教学名师、博士生导师的教授虽然算得上精通自己的学科专业理论，但是最基本的知识，特别是一些应用性的知识却不及一个高中生。高校教师的主要工作是教学，这就要求教师对本门学科专业知识的掌握应当更完整、更系统、更扎实。其次，高校教师应当具有丰富的相关学科知识。教师的教学活动不能局限在一门学科专业知识范围内。高校学分制改革，使得来自不同学科专业的学生可以选读某一教师教授的课程，甚至要求教师与学生协同创新，参与社会实践活动。教师面对的是知识来源广泛、求知欲旺盛的青年，他们总是带着种种问题在知识领域孜孜寻觅。这些问题常常超出某些专业范围，甚至超出目前人们能够理解的范围。教师没有理由拒绝学生提出的合理要求，如与学科专业相关的知识问题。

2. 教育科学理论基础

首先，教师需要掌握教育学知识，如教育哲学知识、教育社会学知识、普通教育学知识和教育科学研究知识。其次，教师需要掌握心理学知识，如普通心理学知识、发展心理学知识、教育心理学知识和社会心理学知识。这几个方面是相互关联的，又是相互独立的，它们一旦为教师掌握，就会提高教师的教学水平。

3. 专业技能与实践性知识

专业技术和应用能力是评价高等学校教师职责的重要指标。在应用技术型大学或高等职业院校中，"双师"所要求的应用技术资格和能力已经成为教师队伍评价指标体系的基本要素。有学者认为，现代的专业教师，不仅要具备科学文化知识、学科专业知识，还要具备教育专业知识、实践性知识。所谓实践性知识是指教师在实践有目的的行为时所具有的课堂情景知识及与之相关的知识，具体地说，这种知识是教师教学经验的积累。因此，高校教师需要增强专业技能，并在教学过程中积累实践性知识，从而丰富教学内容。

4. 教学能力

有学者在论及教学能力时认为，教学是以知识、技能、道德伦理规范等为媒介的师生相互作用的双边活动。在这种活动中，决定教师在其中的地位、作用的核心因素就是教师的教学能力。这一表述看起来并不是对教学能力的定义，但是教学能力是教师在与学生相互作用的双边活动中，以知识、技能、道德伦理规范等为媒介，以多元化的组织行为为手段，促使教师在实现教育目标中产生积极引导作用的核心要素和本领。

教师的教学能力主要有教学评价能力、教学学术能力、教学资源开放与利用能力、教学组织与管理能力等。也有学者认为，高校教师的教学能力包括教学认知能力、教学设计能力、教学调控能力、教学评价能力和运用教学媒介能力。教师教学认知能力是指认识、理解与把握教学活动基本元素（如任务、内容、对象等）的能力，包括理解专业目标及课程的能力、了解教学对象的能力、分析与处理教材的能力。教学设计能力包括设计教学目标的能力、突出教学重点和难点的能力、选择教学策略和教学方法的能力、编写教案的能力。教师的教学调控能力包括反馈教学信息能力、调控教学进程能力和课堂管理能力。教师的教学评价能力包括教与学两方面，即教师教学自我评价能力和学生学业成绩评价能力。运用教学媒介能力包括教师运用语言表达能力、运用教学技术手段能力。

三、高校教师队伍建设规划与发展

（一）高校教师队伍建设的策略

1. 优化教师队伍结构

要坚持以提高教师队伍规模效益和有利于教师队伍可持续发展为原则，把握高校教师队伍结构的基本要素，促进显结构要素达标，提升潜结构要素品质。在年龄结构方面，要形成老、中、青教师相结合的后继有人的年龄梯队；在学历结构方面，要提高高学历教师的比重；在职务结构方面，要根据不同学科专业和教学任务的需要，确定各级教师的职务比例，适当提高高级职务比重；在专业结构和教师来源方面，要根据各校实际情况统筹规划、合理布局、适应需要、优势互补，外校毕业的教师应达到 60%。

2. 完善培训进修机制

把教师的资格培训与岗位培训、业务培训与思想素质培训结合起来，为岗位和资格培训服务。也就是说，依据教师的职务岗位及其职责规范要求，具体制订有关教师的政治和业务方面的培训内容和计划，采取不同形式，以不同方法、不同要求，对各级职务岗位的教师进行培训，使他们具有胜任各自岗位工作的资格；将教师培训与教师的岗位需要和教师的岗位资格要求相结合。这种针对岗位需要和岗位资格要求的培训方式，既有利于提高教师的个体素质，又有利于提高教师队伍的整体素质。

3.加强师德师风建设

（1）树立正确的世界观、人生观、价值观，提高教师的思想认识水平。教师要为人师表，关键是树立正确的世界观、人生观、价值观；要特别强调教师的自强、自信、自爱、自立意识；要求学生做到的，自己首先要做到，在行动上为学生做出表率。

（2）加强学习和培训。高校教师是知识含量很高的群体，他们的培养对象是未来国家建设的中坚力量。这就要求教师不但要有大量的知识储备，还要有很高的道德标准。因此，高校教师必须坚持学习和培训，学习从师技能、教育理论、专业知识、政治理论，提高道德素养和政治敏感度。实现教师培训的制度化、规范化。提高自身的学习能力，由阶段性学习向终身学习转变。只有教师的水平和能力提高了，才能培养出优秀的大学生。

（3）为教师的教学、科研、生活创造条件。作为高校的管理者应做好服务工作，在工资、岗位津贴、住房、子女入学、家属工作等方面做好保障，提高教师的生活待遇，使他们的付出与所得相平衡，解决教师的后顾之忧。

（4）引入激励竞争机制。在教学、科研上采取激励竞争方法，将物质奖励和精神鼓舞相结合，发现和肯定在师德师风建设中表现突出的教师，不拘一格地给予奖励和职务职称上的晋升，充分调动青年教师的积极性。

（5）加强管理，完善考核和监督机制。要建立一个科学、完备的教师考核与监督管理体系，从职称聘任、津贴评定、科研立项、教学评奖等方面，评价教师和约束教师的师德师风；采用学生评议、教师评议、领导评议相结合的方式，实行奖勤罚懒、奖优罚劣、多劳多得、不劳不得的奖惩制度，以充分调动高校教师教书育人的积极性，发挥优势，取长补短。

4. 提高师资队伍管理水平

（1）更新观念，改革教师队伍管理模式。要改革传统的人才管理模式，借鉴欧美大学教师管理的经验，切实改变现行的以政府行政手段为主的管理方式；以聘任制为核心，建立合理有序的人才流动机制；引入市场机制，公开操作，机会平等，自由竞争，实行真正意义上的教师聘任制；要实现教师管理工作职能的转变，即要由单纯的管理控制转变为对教师资源的开发、保障和利用；要采取重大措施和特殊政策，培养和造就一批拔尖人才和大师级人才；要在严格定编、定岗、定职责的基础上，强化岗位聘任和聘后考核，引进市场竞争机制，公开选拔，择优聘任；要建立一个相对稳定的骨干层与出入有序的流动层相结合的教师队伍模式和教师资源开发的有效机制。

（2）继续深化人事分配制度改革，创新人才激励机制。人事分配制度改革要从注重提高个人待遇向更加重视支持人才成长和发展转变，鼓励优秀人才脱颖而出。收入分配要注重效率，兼顾公平，重实绩、重贡献，向关键岗位和优秀人才倾斜，同时对从事基础研究、高新技术研究、重要公益性研究等方面的教师给予重点支持和扶持，建立以业绩定岗位、以岗位定报酬、以岗位津贴和优劳优酬相结合的分配机制，激励创新；建立创新成果奖励制度，对教师取得的创新成果及时进行评价，并给予相应的精神和物质奖励；建立创新奖励基金，支持在教育思想、内容、方法、途径、制度等方面的创新研究和实践。

（3）采取措施，优化教师队伍建设环境。高校教师队伍建设和发展，需要良好的外部环境和内部环境。在健全管理制度、改进运行机制的基础上，要进一步改善高校教师的工资待遇，解决高校教师的住房问题。同时，必须改革分配制度，实行工资与职级的差别管理。

5. 改善教师工作生活环境

将师资队伍建设工作同解决教师实际问题结合起来，从教师的工作和生活实际出发，时刻把教师的需要和冷暖放在心中。要改善教师的工作环境和生活环境，为教师教学与科研工作提供便利，如解决教师住房问题、提高教师待遇、减轻教师的生存压力等。

（二）高校教师队伍发展展望

1.高学历带来高校人力资源配置与利用多样化

在通常情况下，一定的学历反映了一个人所受教育的程度，因而也在一定程度上反映了一定的知识和能力水平。教师的学历越高，所具有的理论知识的起点越高，则适应能力和发展潜力就越大。

2.不断优化学缘结构促进教师的合理流动

高校应采用多样化的方式促进人才合理流动，形成来源渠道多元的学缘结构，全面实现高校教师队伍的优化，使之发挥整体系统功能。高校管理者必须确立现代人力资源开发和发展新理念，进行学校人力资源供求预测，从本校实际出发，制定学校人力资源规划，最大限度地开发和利用学校内现有的人员潜力，使学校、学生、教师都得到发展。依据高校人力资源战略目标，进行人力资源合理有效的配置，促进多种形式的人才合理流动；采取切实有效的措施，组建一支现代化的高校教师队伍，按照21世纪高等教育发展的要求和学校整体规划，公开招聘，择优引进一批高水平、高层次的优秀人才；制定优惠政策，吸引学有专长的优秀出国留学人员、非师范专业的优秀人才和社会上理论素养较高、实践经验丰富的人才来高校任教，使高校教师队伍不断有"活水"注入；聘请社会知名人士、学术权威、科研人员和国外大学著名学者、专家担任高校兼职教师，进行科研合作。同时，重视开发高校名师资源，充分发挥其辐射作用。此外，通过校际合作，互聘教师，实现高校教师资源共享。

第二节　高校教师教育教学的水平

一、高校专任教师概述

（一）专任教师内涵与外延

专任教师是指具有教师资格、专门从事教学工作的人员。这些人员要具有高等教育教师资格证书，且在统计时段承担教学工作。专任教师并非高校人力资源管理中所指的在编在岗教师，而是具有评估意义的教师概念。具体来说，纳入专任教师统计范围的包括以下四类人员：一是具有高等学校教师资格且在统计时段承担教学任务的专职任课教师；二是具有高校教师资格且在统计时段承担教学任务的"双肩挑"（行政兼教学）人员；三是具有高校教师资格且在统计时段承担教学任务的非高校教师专业技术职务系列人员；四是具有高校教师资格且在统计时段承担教学任务的分管学生工作的正副书记、学生辅导员。

另外，在界定是否属于专任教师时还需要注意由于学历原因未能取得高校教师资格证，但具有高校教师专业技术职务并一直从事教学工作的老同志，以及已经调离教学岗位不再承担教学工作，专职担任行政领导工作或其他工作的原教学人员。

（二）高校专任教师应当具备的专业水平

1.良好的文化素质

一个优秀的专任教师必须具有良好的文化素质，应该拥有合理的知识结构，知识面要宽，包括普通文化知识、学科专业知识，了解有关教育的基本理论和最新发展动态；应博与专相结合，以博养专，以专促博，专与博相辅相成。这种知识结构的潜力较大，不但能胜任教学工作，而且在教学和科研上能取得突出的成绩。

第一，教师应精通自己的学科专业知识，扎实而渊博。对教师来说，不仅要熟悉所教教材的基本内容，形成完整的知识体系，还要加强业务进修，跟踪学科学术动态，了解新观点，掌握新信息，不断更新知识，站在学科的前沿。

第二，教师应具有广泛的学科知识，不断拓展自己的学科研究领域，做到博学多才。在全面实施素质教育中，着力培养学生的综合素质和创新能力，教师的博学多才至关重要。教师应注重与其他学科的沟通，形成"大教学观"，为学生创设开放的教学情境，培养学生的创新意识和能力。

第三，教师应具有教育科学理论修养，了解受教育者的心理特征。科学的教学需要科学理论的指导，教师要较好地实施素质教育，就必须掌握教育学、心理学和学科教学法等基本知识。教师不仅要知道教什么，还要知道怎样教和为什么选择这样教，用科学的理论去指导自己的教学。

2. 全面的业务能力

根据学科专业的特征不同，对专任教师的业务能力要求也有差别。例如，艺术类的专任教师业务能力注重创作、演艺，工程类的专任教师业务能力注重技术应用，基础学科的专业教师业务能力则注重科研引导。

一是语言表达能力。语言表达是一切教育工作者必备的主要能力。教师需要依靠语言表达，把丰富的知识通过口头传授给学生。这就要求教师使用语言要准确清晰，具有学科性；简明练达，具有逻辑性；生动活泼，具有形象性；抑扬顿挫，具有和谐性。

二是知识创新能力。创新是一个民族进步的灵魂，是一个国家兴旺发达的不竭动力。具有较高的科技素养和创新能力，是知识时代对人才的基本要求。要培养创新型人才，就必须有创新型的教师。创新型教师需要具备扎实的基础知识、广博的视野，以及善于综合、开拓新领域的能力，掌握创新知识的方法，具有勇于探索、敢于怀疑和批判的精神，善于吸收最新的教育科研成果，将其运用到教学中，并有独到的见解，能够发现行之有效的新教学方法。简而言之，教师的创新能力包括独到的见解、新颖的教法、创新的思维、凸显的个性、探索的精神、民主的意识等。

三是教学组织能力。教学组织能力是一个教师取得教学成功的保证。缺乏教学组织能力和教学指导能力的教师，无论其知识多么广博，都难以完成教育和教学任务。首先，要具有组织课堂教学的能力。大学教学形式还是以课堂教学为主，特别是如今倡导的"小班制"教学，更加要求教师能够有效地组织课堂，让全体学生参与课堂教学。因此，教师要能够集中学生的注意力、灵活调节进程、活跃课堂气氛、控制教学环境、引导学生思维、发展学生创新能力、维护课堂教学秩序、处理偶发事件等。其次，要具有组织课外活动的能力。教师要能将第一课堂的教学延伸到第二课堂，开展丰富多彩的课外活动，这不仅是活跃教学形式，激发学生学习兴趣的需要，也是开展创新教育，培养创新人才的重要途径。例如，组织和指导学生兴趣小组参观、考察和参加社会实践活动，组织讲座、讲演、展览、表演、制作、竞赛、撰写报告和论文等活动，形成人人参与、自己动手、发挥特长、凸显个性的开放式学习氛围。

四是教学学术能力。高校教师的使命是教书育人，但是教书育人不是纯粹地做一个教书匠，还需要对教学进行研究，实现教学学术化，使教师成为学者或者教育家。因此，教师首先要把教学实践与教学研究结合起来，善于总结自己的教学经验，对教学中遇到的问题进行研究，提出自己的见解，进而探索和发现新的教学规律、教学方法和教学模式。此外，教师要加强对教育教学的理论研究，对教学进行创造性思考。只有成为学者型的教师，才能适应知识经济时代的挑战和素质教育的发展。

3.高质量的教学水平

高质量的教学水平是教学知识、教学技能和教学活动的有机统一。教学技能的形成离不开教学实践。教学技能在教学活动中起调控作用，娴熟的教学技能是高水平教学能力的表现，但是仅具备熟练的教学技能并不等同于教师具备很高的教学能力，教师还应具备扎实的教学知识。教学技能的培养要以知识为基础，教学知识是教学能力的养料，它有为教学活动确定方向的重要作用，能够对教学效果产生直接的影响。

（三）专任教师教学能力

1. 课堂教学的认知与转换

现代大学的课堂教学不再是单一的灌输式教导，而是基于翻转课堂的多元化的教学模式，以教为中心的教学形式开始转向以学为中心的教学互动模式。从教育学的理论上讲，教师的教学能力首先体现在课堂教学上，然而课堂教学能力绝不是一学时的精彩演讲，它是不同的教师个体在日常教学中通过体验、感悟、实践等方式形成的独特能力，既存在能力指向目标的差异，也存在能力强弱和水平高低的差异。因此，教师的课堂教学能力往往因人而异。体现水平高低的不是教师教得如何，而是学生学得怎样。

2. 教学情境的适用与调控

参与教育实践活动是教学能力形成的基础。教学能力总是与特定的教学活动相联系，并使教师在特定的教学活动中得到特定的教学能力提升。当然，基于翻转课堂和小班制教学模式，不同的教学内容，不同的施教对象，会形成不同的教学情境。教师需要适应不同教学情境的变化，并在这种不同的教学情境中调控教学内容、形式、节奏、效果等，即教师能够将一般教学技能知识同差异化的环境相结合。此外，在教学过程中还会发生事先难以预料的情境或者突发事件，教师还需要具有教学机智。所谓教学机智，是教师根据教学情境的变化创造性地进行教学的才能，是教师面对突变的教学情境所表现出的敏捷、果断、准确判断，以及恰到好处地处理问题的一种教学技术。

3. 教学运行的规范与控制

如何做到教学运行规范有序是考量一个教师教学能力的重要方面。当然，教学运行的规范性不仅要求教师依据教学运行规范要求制订课程教学进程计划（有的学校称之为"教学日历"），或者依据教学大纲要求突出教学重点、难点，还要求教师将专业学术水平与教育教学理论相结合，了解并掌握教学过程的特点和规律、教学原则、教学方法，以及学生的心理特点等，在宏观、系统的研究基础上科学地确定教学程序，对整体的教学运行做到张弛有度、难易适中、善始善终。

4. 教学与科研的转化与应用

如何处理好教学与科研的关系，一直是高校面临的两难问题。而对于一个专任教师来说，同样需要处理好教学与科研的关系。从教师教学能力的角度上看，这里主要体现于教师是否具有对教学与科研进行转化与应用的能力，即将科研成果转化为教学内容，使教学内容得到科学应用。今天的高校改革必须加强教学与科研的结合，使两者相互促进、共同发展。其一，要摆正教学与科研的位置，以教学为中心，将科研置于重要地位。因为大学离不开育人，离不开教学，否则便失去了存在的意义。其二，以教学为中心，应将科研的方法、成果等体现于教学中，实现教学科研化。其三，将科研置于重要地位，在教学过程中，由师生共同发现并探讨科研问题，可以使科研成果得以传播和证实，实现科研过程的教学化，从而使教学与科研在互动中发展。

（四）高校提升专任教师教学能力的基本路径

1. 倡导教学学术理念

大学教学作为一种学术性的活动，除了要求教师具备一定的教学知识外，还要在教学过程中通过不断地实践和探索逐步形成一种特有的教学能力。这里需要强调的是，教师在教学能力提升的过程中往往操之过急，而其实质是缺乏教学学术的理念。教学学术就是大学教师自觉地对"如何才能更好地传播本专业高深知识"所进行的科学研究的成果，同专业学术一样，教学学术是教师从实践中（教学实践）提取中心问题，通过使用合适的方法对这个问题进行研究，将研究成果应用于实践，并与同行进行交流、反思及接受同行评价的过程。但是，教学学术不是孤立的，还需要通过人际交往与沟通得到充分体现，沟通是教学学术的本能。沟通就是一种对话关系，包括教师与教师之间、教师与学生之间的沟通。一方面，教师的教学工作不是孤立的，是在与其他教师的分工协作和共同努力下完成的，教师之间除了开展公开课进行教学心得分享外，还应该经常进行学术探讨，开展学术交流活动。"三人行，必有我师焉。"教师在彼此之间的交流沟通中互相学习、取长补短，有利于自身专业素质的发展和教学学术水平的提高。另一方面，教师教学的对象是学生，教师要注重与学生进行交流，要用渊博的专业知识、深厚的学术素养和独特的教学风格吸引学生，激发学生的学习热情。教师要经常注意观察和了解学生的心理活动，满足学生的心理愿望和需求，与学生建立密切的关系，解决学生的疑难问题，特别是对于那些对学习有抵制心理的学生，教师更要有足够的耐心与之进行沟通。因此，教师的良好沟通能力是教学工作顺利开展的重要保证。

教学学术需要教师具有反思教学的能力。反思教学是教师把教学实践作为认识的对象，对其合理性和科学性进行评判，并考虑、选择提升教学实践合理性和科学性的过程，是教师借助逻辑推理的技能进行仔细推敲的判断，以及采取支持反思的态度进行批判性分析的过程。反思教学的能力是教师改善教学质量、提升教学学术水平的重要保证。美国著名教育心理学家迈克尔·波斯纳（Michael Posner）提出过一个教师成长公式：成长＝经验＋反思。教学反思是教师自我成长和专业发展的核心元素，如何让教师在完成教学任务的同时发展自我、提高自我，是关乎教师能否在教学中完成教书育人任务的一个关键因素。大学教师应该是反思型的实践者，能够通过对教学行为的反思，不断改进教学工作，提高教学实践能力。教学反思是一个能动的、审慎的认知加工过程，也是一个与情感和认知密切相关并相互作用的过程，在此过程中，不仅要有智力加工，还需要情感、态度等动力系统的支持。

2. 完善教学学术制度

大学应积极倡导教学学术理念，调动教师教学和研究教学的积极性，鼓励教师研究和发展教学学术；应努力提高教学和教学学术的地位，处理好教学与科研的关系，使提升教学学术成为每一位教师的学术责任；应主动营造教学学术氛围，制订教学学术发展规划，尊重并鼓励对教学学术提升做出贡献的教师。"教育大计，教师为本"，重视和提升大学教师的教学学术是当代教学改革与发展的关键，大学必须以教学工作为中心，以教师为核心，充分调动教师教学的积极性、主动性和创造性，提高他们对教学学术重要性的认识。

3.共同参与教学改革

在组织管理中应尽可能聆听青年教师的声音，采纳青年教师的合理建议，保障青年教师的合法权益。高校在制定涉及教师切身利益的重要制度和政策时，应当有青年教师代表参与其中，让青年教师有机会参与学校的管理活动，表达他们群体的利益诉求。改革的成败取决于教师的态度。然而改革理论家设计的许多方案，似乎是强加在教师身上的，是向他们提出的，而不是和他们共同提出的。因此，对于教育工作者来说，最重要的是使他们主动地参与教育改革方案的制定、实施和监督工作。

4.落实教学评价地位

随着市场经济体制的建立，大学与社会的联系越来越紧密，大学科研的功利化色彩更加浓厚。部分教师以金钱和利益为导向，为科研而科研，降低了对教学和教学研究的投入，致使教学学术水平不高。例如，高校的博士生导师遴选制度不是侧重教学评价和教学学术评价，而是强调近三年有没有省部级科研项目，有没有在 EI 或者 CSSCI 等上发表学术论文；又如，教学名师奖推荐与遴选考察的重点不在于教学能力和教学学术水平，而是科研项目和科研成果。由于这种现象的普遍存在，一些学校教师每年都把主要的时间和精力放在课题的申报、专著的出版、论文的发表及奖励的追求上，一心一意搞"学术生产""学术批发"，对教学工作敷衍塞责，较少甚至根本不研究教学和提升教学学术。因此，大学应不断完善教学和学术评价体系，强化教学单位的教研功能，加强监督和评价，认真思考为什么评价教学和怎样评价教学，使评价的目的、标准和内容真正明晰，切实提升教师的教学学术水平。

5.培养自主学习能力

目前，我国大学教师的教学学术无论是从静态的角度还是从动态的角度看，都还存在一些问题，如学术意识淡薄、教学科研失衡等，要想提升教师的教学学术水平，就必须树立正确的教师教学培训观，强化教师的学术发展理念，着力改善教师的教学态度，提高教师的知识水平，提升教学监控能力。教师具备自我提升的意识，才会有动力进行自主学习，提高自身的综合素质。

二、高校师德师风建设

师德是指教师在从事教育劳动的过程中形成的相对比较稳定的道德观念、行为规范和道德品质的总和。师风是指教师的教学、学术作风，是教师的思想文化素养和人格修养的综合表现，是教师的道德、才学、素养的集中反映。

师德是教师的灵魂，是教师的职业道德修养，而师风是其表现出来的思想和工作作风，两者是一个不可分割的整体。师德是师风的基础，没有良好的师德就不可能创造出良好的师风；而师风是培养师德的重要条件。师德是一种社会意识，是教育活动中的道德现象、道德关系在观念形态上的反映。师风决定一个学校的风气，影响学校的精神面貌，是思想和工作作风的具体表现。一个学校的师德观，决定着学校和教师最终会采取何种教学行为，进而形成何种风气。良好的师德观有助于学校和教师在师德师风建设过程中采取正确的行动，促进高校良好师风的形成。同时，良好的师风有利于高校师德水平的提升。高校形成了高尚的风气，教师受高尚的风气的影响，就会自觉地遵守师德规范。师德师风影响整个教师队伍的整体素质，关系到教育事业的发展成果。加强高校师德师风建设对培养适合中国特色社会主义现代化建设的合格人才具有十分重要的作用。在当前我国社会主义市场经济快速发展时期，师德师风建设必须做到与时俱进，适应教育发展的总趋势。

（一）加强师德师风建设的意义

1.落实科学发展观和科教兴国发展战略的重要工程

高校以社会主义核心价值体系引领师德师风建设，是全面贯彻党的教育方针、培养高素质建设者和接班人的根本要求。把社会主义核心价值体系融入国民教育和精神文明建设全过程，用社会主义核心价值体系引领社会思潮，是党和国家的明确要求。高校是社会思潮比较集中的地方，同时也是培养高素质人才、铸造大学生灵魂的重要阵地，社会主义核心价值体系教育是高校责无旁贷的使命。因此，加强师德师风建设只有以社会主义核心价值体系为引领，才能培养出社会主义现代化事业所需要的合格建设者和可靠接班人。

2. 大学文化、教育精神和教师形象的永恒主题

优秀的师德师风体现于教师爱岗敬业、教书育人、言传身教，可以为党和国家培养高素质的建设者和接班人。而师德师风不佳的教师会对学生的成长和学校的发展造成负面影响。每一个高校教师都应当自觉遵守师德规范，树立高校教师良好的职业形象，不仅要以身作则，率先垂范，而且要自觉成为学生思想道德教育的积极组织者、实施者和引导者。

3. 公民道德建设和社会主义文化道德建设的重要组成部分

师德师风建设的全面推进有助于社会主义核心价值体系建设的可持续发展。良好的师德师风是德育、教学、管理和服务工作的基础，是确保坚持社会主义办学方向、办好人民群众满意的教育的根本条件。也就是说，抓好师德师风建设可以从根本上促进教学、科研、管理、服务等各项业务工作。高校必须以师德师风建设为重要抓手，对教职工提出更高的师德师风要求，通过持之以恒的制度建设、机制建设和作风建设，造就一支师德高尚、业务精湛、结构合理、充满活力的高素质教师队伍，从而全面提高教育教学质量，促进学生成长成才，推进各项事业科学发展，为党和国家培养出一批又一批高素质的社会主义现代化的建设者和接班人。

（二）高校师德师风建设措施

1. 建立科学的师德师风评价机制

高校要依据师德师风的标准和要求，定期对教师师德师风水平进行考评。将教师师德师风评价真正与教师的职称评定、职务晋升、评奖评优挂钩，并将教师师德师风评价结果存入教师个人档案。目前，高校在师德师风评价方面的制度建设并不完善，在教师考核、评估、职称评聘等方面对师德师风都有要求，但比较笼统，且具有很大的弹性。当前我国高校开展师德评价时要重点解决三个问题：一是师德评价标准；二是师德评价方式；三是师德评价结果的反馈与落实。其中，师德评价标准问题最重要，有利于促进高校师德师风的建设。高校教师评价不能搞多元化标准，要坚持用共同性与特殊性相结合的原则来评价教师师德师风水平。将评价标准具体转化为具有行为特征

的评价标准后，评价者在评价时就有了具体的评价标准，就能避免出现理解上的分歧，就容易获得较为客观的评价结果。

2.建立健全监督机制

健全规章制度，搞好评估与监督。要建立一整套完善的师德师风建设规章制度，如教师教书育人条例、教学工作条例、教师职业道德规范、教师文明用语等，注重抓严、抓细、抓实。高校教师的职业行为相对于其他职业，自主性比较强，其职业特点决定了教师在时间、精力的投入上基本应由教师自己做主。因此，各高校在加强师德师风建设中有必要建立一个由学生、管理层及社会三方构成的监督网络，根据师德师风的总体要求和具体行为规范，对教师的职业行为进行监督，形成一定的压力，促进师德师风建设。

3.构建有效的激励机制

注意表彰先进，充分发挥典型示范作用。学校定期举行师德师风建设表彰活动，对获奖者给予精神和物质奖励，并在晋升职称、岗位聘任等方面予以相应的体现。对于教学、科研的奖励，也突出师德师风方面的内容，如在教学优秀奖、教学成果奖、科研成果奖等奖项的评选过程中，在教学、科研成果水平大体相当的情况下，应充分重视师德因素。要充分发挥榜样的力量，通过典型示范，宣传科学的思想观念，营造良好的道德风尚。在制定学校人事制度和教职工利益分配的各项政策时，切实体现师德师风建设的目标要求，提倡和鼓励自觉遵守职业道德、无私奉献、爱岗敬业的行为，将思想引导与利益调节、精神鼓励和物质激励相结合，推动师德师风建设不断向前发展。同时，高校还可以通过评选"师德标兵""我心目中的好老师"等形式激励全体教师自觉自愿地参与师德师风建设活动，从而提高他们的工作积极性，激发他们的工作热情。

第三节　高校教师的发展与服务

一、高校教师专业发展

（一）教师专业发展的内涵

1. 教师主体主动发展的过程

教师专业发展不完全是教师个体的事情，也不仅仅是教师群体通过自身努力就能够完全实现的，它需要教师自身的努力和学习，同时也需要外部制度、环境的支持。只有各方面条件具备了，教师主体才会有意识、有动力去追求专业发展。

2. 教师不断学习与探究的过程

教师专业发展是指在外部条件（包括教育制度、教师教育制度、教师管理和评价制度、教师文化和社会环境等）的支持下，教师通过自身不断地学习和努力，提高对教育教学的认识，改进教育教学实践，促使其专业技能、专业情感、专业自我不断发展和完善的过程。

3. 教师专业素质整体发展的过程

教师专业发展不能简单理解为线性的知识、技能的积累，而应该是教师个人的整体性发展。这种发展不是依赖外在的技术性知识的灌输而被塑造的，而是一种自我理解的过程，是通过反思性实践变革自我、自主发展的过程。也就是说，教师实践知识的增长必须经由教师的反思方能实现。

（二）高校服务教师专业发展的政策举措

1. 建立专门的教师专业发展机构，为教师的教育教学能力发展提供培训和咨询服务

高校教师教学发展中心作为教师培养的主体，应从教师发展的角度出发，根据自身文化传统、学校使命、师生规模等条件，因地制宜地开展本校教师发展的活动和项目，在实施项目时，将本校教师发展的需要与院校的战略发

展规划及工作重点结合，实现组织发展与教师个人发展的有机结合。

2.建立激励教师提升教育教学能力的机制

高校应鼓励教师自我提高。特别是青年教师，应学会获得专业发展的外部支持，如参加学术会议了解学术发展前沿动态，在跨学科、跨院校的大型研究项目中合作、分工和沟通，申请研究经费，等等。这需要资深教师、院系和学校既要为青年教师的发展提供充分的信息和资源，又要为青年教师的发展提供足够的便利和充分的组织保障和支持。

3.完善基层教学组织，健全老中青教师"传帮带"机制

当前高校教师教学能力良莠不齐，老教师教学经验充足，但是缺乏自身的教学特色，难以做到自我反思和创新；新教师专业能力、教学能力不足，很多甚至没有经过专门的培训就立即上岗，教学经验完全依赖自己学生时代的体验。这就需要完善基层教学组织，健全老中青教师"传帮带"机制，便于新老教师的沟通和学习，老教师不吝啬自己的经验和技巧，新教师敢于表达自己的想法，互相取长补短。

二、高校青年教师教学能力培养与提升

（一）高校青年教师发展的主要矛盾

1.教学与科研的矛盾

目前，我国大多数青年教师承担了较重的教学任务，青年教师不仅要处理繁重的教学任务，还要把很多时间和精力放在一些看不见成效的学院和学校事务上。这些事务有些与专业有关，有些则与专业无关，但因为是领导和组织安排的任务，他们不得不尽力做好。虽然用于处理教学等事务的时间不少，但是成果甚微。调查发现，高校教师驾驭教学内容的能力、脱稿讲课的能力、因材施教的能力、与学生互动的能力、教学创新的能力、教学反思的能力及教学研究的能力等都相对欠缺。另外，由于繁重的工作任务挤压了用于专业发展的时间，多数青年教师没有精力做科研，科研成果匮乏，这又影响了他们的绩效评价与考核，在职称评审中失去优势，使青年教师的积极性

受到打击。

2. 低收入与重压力的矛盾

青年教师所拥有的资源无论是数量还是质量都无法和教授相比，而往往这种资源能带来职业发展的现实利益和荣誉。教师往往基于对地位的认识和学校的制度规则进行有利于自身发展的理解和运用，通过对资源的争夺和获取改善自己的不利处境。

3. 自我发展与组织发展的矛盾

高校教师的自我发展与高校组织的发展无法做到相辅相成。对于青年教师而言，他们刚从学生的身份转换为教师和身份，面临着陌生的工作环境，他们需要花费时间和精力熟悉工作环境，融入学校的各种相关组织团体，了解学院和大学的发展规划和使命，和同事之间建立良好关系，等等。组织应帮助新教师理解组织期望，同时又欢迎他们为组织创造新的组织文化而不是简单地复制。青年教师在熟悉组织环境、建构良好组织关系的同时，既促进了自身的发展，又促进了组织的良性运转和组织文化的传承。然而大学内部行政管理的科层化倾向日渐显现，教师群体参与学校决策的途径和方式有限，缺乏独立的利益诉求和自由表达的权利。其中教授和副教授因其学术地位，参与学术管理的机会远多于青年教师。在管理更趋保守的高校中，青年教师参与管理事务的权利的缺乏与弱势地位更为明显。

（二）加强高校青年教师教学能力培养机制的建议与措施

应当将青年教师队伍建设放在更加重要的战略地位，在政治上引导、专业上培养、生活上关心、政策上扶植、资源上倾斜，切实为他们的成长发展创造优越的环境条件，如实施中青年骨干教师培养计划和出国培训、实践锻炼等项目，不断提高青年教师学术水平和发展能力。

1. 加强思想政治教育，形成政治引导机制

青年教师作为高校教育教学的储备力量，是保障教学质量、提升教学质量的关键因素。对于高校青年教师队伍不稳定、离职率高的现状与问题，一方面，要加强青年教师入职前的思想政治教育，明确教师教书育人的责任，

提高青年教师的责任感与服务意识；另一方面，在教学过程中，党组织、院领导要切实关心青年教师的发展问题，老教师应积极引导青年教师进行教学、科研，避免走不必要的弯路，使青年教师以最快的速度融入新的科研团队、新的教学团队当中，使青年教师有归属感，从而激励青年教师更积极地进行教学工作。

2.加强专业培养，形成分类指导机制

首先，加强青年教师的专业培养。具体而言，第一，科学规划青年教师岗前培训工作，创新现代教学能力培养方案。例如，可以借鉴情境参与式教学模式，即青年教师不仅要进行高等教育教学等理论课程的学习，还要注重专业课程，尤其注重培养专业实践技能。第二，要完善并落实青年教师教学能力提升计划的导师制，真正发挥资深教师对青年教师的指导作用。贯彻落实好"传帮带"制度，切实为青年教师教学能力的提升，提供长效的培养机制。

其次，要逐步建立起分类指导机制。高校应根据本校实际，依据不同学科领域，逐步建立起青年教师的分类指导机制，以促进青年教师成长成才。也就是说，对于不同学科，教师教学能力培养的侧重点不同：对理工科青年教师来说，要将培养教育教学理论知识与实验操作动手实践能力相结合，而且要突出实验操作能力的培养；而对于人文社会学科的青年教师来说，就要更为注重对青年教师的教学方法、教学技巧能力的培养，以增强学生对课堂教学的兴趣。

最后，要促进教学与科研的互动。教学与科研是高校的两大基本职能，青年教师要平衡好教学与科研工作，使两者协调发展。教学与科研是紧密结合、相辅相成的，两者并不是对立的。教学是青年教师生存与发展的基础，科研是青年教师自我发展的关键。通过将学科领域前沿知识、科研成果在课堂上向学生呈现，可以进一步增强学生的求知欲和好奇心，促进教学能力的进一步提升。此外，在实施导师制，以老带新的过程中，要关注青年教师的特点，看其是更适合做科研，还是更擅长教学，根据他们的特长，安排适宜的岗位，取长补短，促进教学与科研的共同发展。

3.提高工资待遇，建立生活帮扶机制

近年来，尽管高校青年教师的工资待遇已得到了大幅度的提高，但依然不能解决青年教师的实际问题。因此，国家应该进一步加大教育投入，在教育经费中划出专款，用于提高青年教师薪资待遇，使青年教师的工资水平得以稳步提高。学校也应该多渠道筹措办学经费，增加教师的课时津贴、科研资助及公共福利。此外，青年教师的住房问题、子女的教育问题、医疗保险问题等，也应该得到院系领导的高度重视，使青年教师在生活上无后顾之忧，压力小，能够抽取更多的时间和精力用于教学与科研工作，进一步提升教学能力和科研水平。

4.加强制度建设，形成合理的考评机制

对教师的评价是高校进行教师管理的重要手段之一。合理的评价制度是促进青年教师发展的重要保证，反之，则会打击青年教师工作的积极性。当前，高校对青年教师的考评范围主要包括随堂教学评价、课堂教学质量评价、年终考核和职称评审四类。随堂教学评价是资深教师对青年教师教学能力进行考核评价的主要方式，也是提高青年教师教学能力的重要手段。每次随堂听课，都是对青年教师教学能力的一次检验，同时也是发现青年教师教学问题的重要方式。因此，在进行课堂教学质量评价时，既要肯定青年教师的优点，又要指出问题，并针对相关问题进行指导，跟踪检查。

课堂教学质量评价是发展性评价与终结性评价的统一，是以学生为主体，对青年教师进行评价的一种方式，这种评价是提高教师教学能力的最有效的方法。因此，青年教师在每次教学过程中，不仅要在课前进行精心的准备与设计，还要在教学过程中注意观察学生的反应，根据学生的反应做出及时的调整。年终考核常常从教师的德、能、勤、绩等方面考核，主要涉及教师的教学工作量，也包括教学的质量，与年终分配、评优、聘任挂钩。因此，学校应当根据青年教师群体的特性，因地制宜、因时制宜地制定青年教师年终考核标准，并使这些标准具有适当的弹性空间。高校教师进行职称等级评审，应该侧重考核青年教师的教学能力，只有把教学能力的考核比重提高，才能激励青年教师重视教学，重视教学能力的提升，而不能将科研成果视为唯一的考核指标。

5. 树立资源倾斜意识，建立长效激励机制

鉴于青年教师都是刚进入大学校园的，无论是在教学还是在科研方面都缺乏经验，因此学校规划教师队伍建设激励措施时应在政策及资源方面有所倾斜，为青年教师的发展提供更为有利的外部环境。具体来说，在教学资源方面，应积极鼓励青年教师参与，打破论资排辈的禁锢，真正形成老中青三代共同参与、共同学习的机制。在科学研究方面，青年教师应积极主动地要求参与高级职称教师的课题项目研究，而高级职称教师也应当积极主动地邀请青年教师到自己的课题研究中来，从而为课题研究注入新鲜的血液，促进思想的交流与沟通。在课题申报方面，通过增设青年科研基金项目，让青年教师有更多的机会接触科研、参与科研，从而提升科研水平。在教学能力提升方面，为青年教师群体提供更多交流与沟通的机会，从而增强青年教师应对教学问题的意识与能力。比如，学校和院系可以每学期组织一次青年教师教学大奖赛，对优秀青年教师给予一定的物质奖励并颁发荣誉证书，同时规定在年终考核及职称评定时均优先考虑等，形成保证青年教师教学能力稳步提升的长效激励机制。学校在制定相关激励政策时，只有综合考虑青年教师群体的特征，才能提出科学合理且行之有效的政策措施，才能保证青年教师队伍的稳定，减少人才的流失。

三、高校教师绩效考核

（一）绩效考核的内涵

绩效考核是指考评主体对照工作目标或绩效标准，采用科学的考评方法，评定员工的工作任务完成情况、工作职责履行程度和自身发展情况，并将上述评定结果反馈给员工的过程。绩效考核是人力资源管理的一个重要环节，如果进行得恰当，不仅可以使员工知道自己表现得怎样，而且能影响他们未来的努力程度和工作方向。对于高校来说，绩效考核是高校人力资源管理的重要环节，它能使学校和教师了解个人的成绩和不足，从而进行有针对性的培养，以保证每一个教师在自己的专业领域获得长足的发展。

（二）高校教师绩效考核中的问题

1. 考核定位偏差，重量轻质，重结果、轻过程

当前，高校所实行的年终考核制度从形式上、程序上看似乎没有什么问题，但从考核的实际效果来看，虽严格按照公开述职、民主评议、民主测评、公开考核等程序进行，但在测评过程中，测评者往往难以按照其年度的德、能、勤、绩、廉及工作实绩等要素做出客观评价，随意性过强，导致考核结果有失公允，使考核失去争先创优的激励作用。

2. 考核指标体系缺乏科学、全面的标准

目前还没有一个全国通用的专门针对高校教师的考核标准。高校目前普遍采用的是《事业单位工作人员考核暂行规定》，该规定虽然从德、能、勤、绩四个方面来考核工作人员，并且也提出了考核的重点，但内容过于宽泛，考核指标模糊，考核分类不科学，考核指标的具体量化缺乏科学性，使得具体操作极为困难。考核标准的设定未能考虑高校教师工作的特点，从而未能起到考核的真正作用。有些高校在自行制定考核标准时随意性强，不注意广泛听取意见，这样就无法制定出比较客观的考核标准。只有依据客观、科学的考评标准进行的考核才能对教师有激励作用。

3. 考核方法不规范

由于高校教师工作具有难以有效计量的特点，因而对高校教师绩效考评很难确定一个比较客观的考评指标，选择和确定什么样的绩效考核指标是考核中一个重要的问题，同时也是难以解决的问题。通常的做法是对德、能、勤、绩、廉五个指标进行考核，但是有的指标可以直接量化，有的则不能量化，因此在实际考核工作中对全部的教学管理活动进行量化是不现实的。现代绩效考核采用统计分析、计算机技术，并以量化手段不断提高绩效考核的效率和效果，从而减少主观性，增加客观性、可比性。因此，量化是提高考核现代化和科学化水平必不可少的手段。

4. 考核结果没有得到反馈和利用

缺少反馈的考核是没有任何意义的，学校或院系必须把考核后的结果及

时反馈给教师。但是有些学校并不把考核结果反馈给教师，只是将其交由院系的教务部门掌握，最多只反映给院系级领导。另外，对高校教师的考核多采用自上而下的奖惩性评价模式，往往只能对少数不称职教师或少数优秀教师产生影响，绝大多数教师对这种评价兴趣不大。现代人力资源管理科学认为，有员工个人的更好发展，才能有组织的更好发展。因此，在绩效考核中如果不能设身处地为教师着想，不是把帮助教师获得职业发展作为考核的一个重要任务，仅是通过考核来对教师施加压力，就很容易在无形中恶化工作环境和人际关系，也往往容易引起教师的反感。

（三）完善高校教师绩效考核机制的政策措施

1.建立健全高校教师绩效考核的政策法规

教师考核制度是师资管理工作中一项综合性基础工作。这项工作政策性强，涉及面广，操作过程复杂，与教师切身利益密切相关，因而必须加强领导，统一部署。学校设立常设性评估机构"教师绩效考核委员会"，人事部门负责制定考核方案并负责考核工作的具体实施。具体的任务是：负责组织全校教师的绩效评估工作，确定绩效评估目的、指标、方法，监督院系考核，并对全校教师的考核评估结果进行处理、分析，同时将评估结果存入教师个人档案作为晋升、奖励、培训的重要依据。通过对全校教师绩效评估结果的全面分析，确定教师队伍的发展规划、培养方向。各院系教研室设立临时性的教师绩效考核小组。为鼓励教职工努力工作，更好地完成教学、科研和管理任务，高校往往实行奖惩性评价，即对达到目标要求者进行奖励，反之则予以一定的惩罚。而在实际操作中，这种奖惩性评价往往不能起到管理者所预期的效果，其原因是奖不足，惩过大，比如职工年终考评结果是优，单位则一次性奖励几百元钱作为奖金；而如果考核结果是基本合格或不合格，其所带来的思想负担、精神压力是远不能用几百元钱来衡量的。它给职工带来的影响更为深远：次年工资晋级受影响、职称评审受影响等。其结果是不求最好但求合格成了大多数职工的追求。现代人力资源管理把人的发展看成组织发展的一个重要目标，有职工个人的更好发展才能有组织的更好发展。所以，在考核制度的设定上应注意奖惩合理有度。

2.正确认识绩效考核的目的和意义，加大考核结果使用力度

考核是手段，使用才能体现考核的作用。高校教师绩效考核的目的就是充分调动广大教师的工作积极性，建立有效的激励机制，促进学校整体工作任务和目标的实现。因此，必须根据考核结果采取不同的措施，制订教师发展计划。现代绩效考核强调沟通和发展，是一种绩效导向的管理思想，其最终目标是形成具有激励作用的工作氛围。考核工作完成后，考核结果的合理运用对提高教职工的工作绩效和实现学校的发展目标意义重大。考核本身是一种手段，不是目的。绩效考核的结果应该全面应用于教职工的薪酬调整、岗位调整和晋级、职称晋升等相关的组织人事决策，这样才能真正实现考核的目的，增加职工对考核工作的重视程度，从而形成良性互动。对于考核结果，考核部门也应向教职工及时反馈，让被考核者看到自己的优点和缺点，并与被考核者共同分析总结，针对不足查找原因，制定绩效改进目标、个人发展目标和未来事业发展计划。这样绩效考核就达到了预期目的。

3.建立科学的考核指标体系，制定符合教师工作特点的考核标准

考核指标与标准的制定应该与学校的自身特点和学校的战略发展目标相结合，这样才能将个人的发展与组织的发展结合起来。但有的高校在制定标准的过程中，在广泛征求教师意见、开展深层次调研上所下的功夫不够，这样势必造成指标层次偏低或偏高、考核标准不能反映实际工作状况等问题。所以，学校应根据绩效标准、绩效指标内容，结合本校中心工作，研究确定各项考核内容和权重系数草案，然后向所属院系、教师广泛征询意见、建议，经反馈、修改后实施。

4.探索不同学科专业教师考核评价方法

选择一种科学合理的考核方法，对于考核结果的可信度和考核过程的可操作性至关重要。由于高等学校学科专业差异较大，适用一个全校统一的考核评价体系和标准也未必科学、公平、合理。高校应当将教师绩效考核评价工作下放到教学单位，由各教学单位制定符合学科专业教师特点的绩效考核评价体系和标准，再按照定性与定量相结合的方法，或过程监督与结果验证

相结合的方法，进行绩效考核评价。人力资源管理领域的专家学者为此进行了大量的研究，开发了一系列的绩效考核方法，其中360度考核法日益得到高校管理者的青睐，此法对教师的考核是从教师本人自评开始，从教学对象、教学同事、教学督导、教学主管等不同角度了解其自身的工作表现，从而使其在将来的工作中持续发挥长处，改进不足，通过提高自身的素质来进一步提高工作业绩。360度绩效考核法扩大了考核者的范围和类型，从不同层次的人员中收集考核信息，从多个视角对被考核者进行综合考核，这样可以集中各种考核者的优势，达到互补，使考核结果更加公正全面。

5. 实行考核主体多元化

一直以来，高校科研考核工作都是由人事处、教务处、科研处三大主体来完成的，这样会使考核结果不够客观和全面。应该在人事处、教务处、科研处进行考核的同时，兼顾院系和教师的考核意见，尤其是要突出教师的主体地位。评价主体可以分别为学校（院）领导、同行专家、同事、学生及教师本人等。知识型组织的兴起使团队合作成为高校教学与科研组织生存和发展的一种重要方式。高校组建了各种科研、学术团队，但随之而来的难题是如何有效评价团队绩效。在高校各种团队中，教师的成果往往是在前人基础上的再创造，或者是集体智慧的结晶，个体的贡献难以量化。因此，要发挥团队带头人的作用，激发团队功能，有效评价团队绩效，要想避免出现个别教师"搭便车"的现象，构建科学合理的团队绩效评价体系是非常重要的。

第五章

高校教学管理信息化延伸

第一节　新媒体在高校教学中的应用

一、新媒体的界定及其特点

（一）新媒体的界定

新媒体是相对于传统媒体而言的，在报刊、广播、电视等传统媒体之后发展起来的新的媒体形态，是利用数字技术、网络技术、移动技术，通过互联网、无线通信网、有线网络等渠道，以及电脑、手机、数字电视机等终端，向用户提供信息和娱乐的传播形态和媒体形态。新媒体的特征是具有交互性与即时性、海量性与共享性、多媒体与超文本、个性化与社群化。

（二）新媒体传播的特点

与传统媒体相比，新媒体的传播有很多新的特点：

第一，新媒体传播是一种多媒体的全传播，基于网络的新媒体运用文字、图片、声音、图像等手段，全方位、多角度地为受众呈现事物原貌。

第二，新媒体传播走向了分众传播，实现"个性化"和"一对一"的传播，根据特定媒体受众群需求而制定满足其使用的传播策略及传播方式。

第三，新媒体传播是一种渗透式传播，突破时空界限，受众通过手机、网络、楼宇电视等无处不在的新媒体，可随时主动或被动地参与到传播过程中。

第四，新媒体传播具有高科技的特性，无论是网络，还是手机和数字电视，新媒体的传播都离不开技术的支持，这样的特性也决定了受众必须具有相应的新媒体工具使用能力。

第五，新媒体传播具有很高的交互性，反馈迅速、及时，受众观点可多元化呈现。

二、新媒体在教学中的应用

（一）利用交互式媒体打造灵活、多联结的多媒体学习空间

在交互智能平板（触摸一体机）屏幕上，教师可以直接操控计算机以使学生聚焦于教学内容，改变传统多媒体教室单向传播的缺陷。交互式电子白板、交互智能平板等交互式媒体的使用，可以加强课堂互动，优化课堂结构，便于灵活实施教学过程。基于交互式媒体在课堂教学中的实践，结合交互式电子白板及交互智能平板的功能，其在教学中的主要应用优势有以下三点。

（1）注解、编辑功能。可以直接在上面标注或书写文字，能随时灵活地引入多种类型的数字化信息资源，并可对多媒体素材进行灵活的编辑、展示和控制。

（2）绘图功能。交互式电子白板拥有丰富的各学科工具、元件、仪器图，便于实验设计和学生参与到学习过程中。比如，在实物连线实验教学环节中，需要在白板上画出电路实验需要的仪器的时候，操作简单，也能引起学生的兴趣。学生获得了一个实践参与的机会，充分体现了交互、参与的新课程理念。

（3）存储与回放功能。写在白板上的任何文字，画在白板上的任何图形或插入的任何内容，都可以被保存下来，可供以后教学使用，或供以后与其他教师共享；也可以打印出来以印刷品的形式分发给学生，供课后温习或作为复习资料。这样不仅能提高课堂效率，还能帮助学生在课后实现知识的巩固。

（二）推进网络教学平台的应用，创设开放、共享的网络学习环境

1.利用精品课程模块，共享精品课程视频资源及课程材料

精品课程模块中包含精品课程展示、精品课程研究、精品课程通知和视频公开课等内容。校内各类精品课程的教学材料和相关内容都可以通过平台实现共享，师生可以通过校园网或互联网等途径不受时空限制随时获取大量的教学资源。

2.重点打造教学资源库，为学生创设开放的网络学习环境

教学资源库，顾名思义，是储存教学资源的地方。其中包括各种可用于教学的素材，如文本、多媒体视频、图片、Flash等。任课教师可以上传或更新教学资料，如教学讲义（包含整门课程的内容并与课堂教学内容相辅相成）、课件（PPT格式）等有关教学方面的资源。教师可以要求学生通过网络教学综合平台辅助学习课程内容，进行答疑讨论和经验交流，按时提交作业，等等。教师可以根据课程或实际的变化，不断整理、制作和借用教学资源填补其中，保证其中资源的时效性、精确性，学生也可以上传分享自己独有的资源，以资源的质量和下载的次数排序。各学科之间交互的部分，由交互的老师共同制作素材，使教学素材的内容更加丰富和连贯。比较大或者需要素材多的院系可以建设子资源库，单独存储本院系的素材。资源上传时可以设置资源公开程度，并且需要通过平台管理员的审核，确保资源的质量。

教学资源库的建设，使学生可以在课外利用计算机网络这个现代化、开放性的学习工具获取课内无法得到的一些优质资源，并且使资源实现了共享，提高了资源利用率和教学效果。

（三）新媒体环境的不断完善

要使师生更加适应新媒体的教学应用，不断完善新媒体环境，提高教学效率，优化教学效果，应继续转变观念、加强改革。

第一，教师要转变观念，提高对交互式媒体及网络媒体的应用能力。教师上课之前，要熟悉电子白板等新媒体各种功能的操作，熟悉电子笔的使用、各个工具栏的功能，注重其交互性，这样在教学活动设计时才能有意识地将电子白板所带有的交互能力融入自己的教学设计理念中，而不是仅仅将其当作高级黑板和演示工具。

第二，全面开展网络辅助教学，推动教学手段的改革。加强建设网络课程，实现教学资源数字化和教学互动网络化，继续广泛开展教育教学资源库建设，将院系专业、教学团队、精品课程和教学资源建设的成果结合起来，全面动态地反映课程教学成果，扩大影响。

第三，开展新媒体专题培训，开展新媒体环境的教学交流，加大新媒体教学场所的开放力度。

第四，积极丰富网络教学资源库的素材，引导师生自主获得所需资源，利用网络教学资源库有效管理、聚合并共享学校自建资源和成果，将现有的课件、音视频文件、立项建设的成果等优势课程资源上传到网络教学资源库；同时，利用培训等方式宣传、展示网络教学资源，介绍查看、查询、下载资源的方法，并引导教师使用网络教学资源库辅助备课，吸引学生浏览资源，开阔视野，从而提高资源利用率。

第二节　高校新媒体教学环境构建与管理

随着现代高科技在教育领域的应用，多媒体教学环境 —— 多媒体教室的建设在高校飞速发展。多媒体教室的建立不仅提高了教学效益和教学质量，同时还为传统教学模式提供了新的平台。如何充分、合理、安全、科学地构建与管理多媒体教室，满足多媒体教学需求，保障多媒体教学的正常进行是当前教学管理部门亟待研究和解决的问题。

一、多媒体教室构建的原则

（一）实用性

实用有效是主要的构建目标，只有操作简单、切换自如、效果良好，才能最大限度地发挥设备的效益。

（二）可靠性

人机安全、设备的长期稳定运行等可靠性要点是系统构建方案的首要设计原则，以保证系统在运行期间，为用户执行安全防范和高质量服务管理提供有效的技术支持手段，为用户降低系统运行方面的人工和资金成本。

（三）兼容性

对不同厂家、不同型号的同类设备应具备兼容性。

（四）先进性

设备的选型要适应技术发展的方向，特别是中央控制软件要充分体现整个系统的先进性。

（五）可扩展性

多媒体教室能否和互联网相连，能否调用教室之外的教学资源是判断多媒体教室可扩展性的首要标准。

（六）安全性

考虑到多媒体教室的多用性，即在非教学时间保证学生使用教室（不使用设备）的设备安全性，操作台应根据设备规格定制并兼顾防盗、防火。

（七）便捷性

改变以往教师上下课开关设备的烦琐问题，采用一键关机或远程控制关机（使用继电器，根据设备操作流程分时控制设备的开关时间），方便教师操作。

（八）经济性

系统设计和设备选型应注重实用功能，降低总体投资，求得先进性与经济性的完美统一，做到设备性能、价格比的最好综合，从学校教学管理的实际需求出发，摒弃一切学校不需要的、华而不实的东西。

二、多媒体教室的构建

多媒体教室的构建应根据构建原则，科学、合理地选择设备。设计多媒体操作台，根据学科需要，拟建多媒体教室的位置、形状、大小、座位数量，相对集中地构建多媒体教室。根据管理方式，可分为单机型和网络管理型多媒体教室。

（一）单机型多媒体教室的构建

单机型适合多媒体教室相对分散的区域，或是对设备要求较简单的部分学科的多媒体教学。

1.电子书写屏

电子书写屏的使用省去了显示器，并替代了黑板的传统书写功能。其主要功能为同屏操作、同屏显示、具备风格各异的书写笔、自动排版、文书批改、手写识别、动态标注、后期处理等。电子书写屏的使用可有效避免多媒体教室设备因粉笔灰尘过多而出现故障，影响设备的使用，尤其是避免投影机因灰尘过多而频繁保护停机，以及液晶投影机的液晶板因灰尘过多而产生物理性损伤，同时提供给教师洁净的教学环境，有益于教师的身心健康。

2.中央控制器

采用具有手动调节延时功能的中央控制器，设定时间控制投影机、功放机、投影幕布、计算机等设备的开关，保证投影机散热充分，延长投影机灯泡和液晶板的使用寿命，并防止多个设备同时通电和断电对设备的损坏。

3.投影机

根据多媒体教室的大小配置不同亮度和对比度的品牌液晶投影机，一般情况下，亮度和对比度越高，投影机价格越高。因多媒体教室的后期耗材消费主要是投影灯泡，品牌投影机的选用将有效避免投影灯泡购置的困难，有效保证质量和后续维修服务；同时要注意选择使用寿命长和灯泡亮度稳定的UHP冷光源灯泡的投影机。

4.扩音系统

扩音系统的配置需根据多媒体教室的大小、形状及教学声音环境的要求进行选择，应选用无线话筒，利于教师在教学时表现其形体语言。目前使用的扩音设备有两类，即壁挂式和组合式，两者都具备线路输入功能，能满足相应音源的扩音需要。有的学校多媒体教室使用移频增音器，教师在一定范围内脱离了话筒的束缚，但过多地衰减了低频和高频，且扩音效果也不尽如人意。

5. 操作台

操作台应根据设备规格科学合理地设计定制，满足使用的方便性要求（如教学需用设备接口的安装），并兼顾防盗性。操作台门锁采用电控锁，通过中央控制器实现一键开关机，即一开即用，一关即走，极大地方便教师的使用。

单机型多媒体教室在构建中应根据多媒体教学特点采取优化措施，不用录像机、DVD、展示台、卡座等不常用或多余设备，使整个系统简洁明了，利于教学与管理。

（二）网络管理型多媒体教室的构建

网络管理型多媒体教室适合于多媒体教室相对集中的区域，根据各学科需要构建功能不同的多媒体教室。其与单机型多媒体教室配置的不同之处在于采用了网络中央控制系统，操作可网络远程控制和本地控制，增加了监控系统，其相关功能如下。

1. 中控系统

网络管理型多媒体教室采用的是网络中央控制系统，包含教室网络中控和总控软件。该系统高集成度，接口丰富，功能强大。内嵌网络接口，采用TCP/IP 技术，可通过校园网互联，实现远程集中控制。具备网络、软件、手动面板三种控制方式选择，具备延时功能，防止通、断电时对设备的损坏。

2. 操作台

操作台与单机型多媒体教室相同的是也根据设备规格合理地设计定制，满足使用的方便性（如教学需用设备接口的安装），并兼顾防盗性。操作台门锁的开启可通过网络远程控制，也可本地操作，即与中控系统联动的控制锁，同时也是操作台的门锁。多种设备联动实现系统的一键开关机，即一开即用，一关即走，方便使用。

3. 监控点播系统

监控点播系统的使用有利于管理人员远程掌握教学动态，通过相关控制软件使得教师所用计算机屏幕内容与上课音视频同步录制，通过该系统实现即时点播和转播功能。

4.对讲系统

对讲系统的使用有利于即时发现、解决问题。目前对讲实现方式有多种，如双工对讲系统、半双工对讲系统、电话方式对讲系统、网络 IP 电话方式等。

三、多媒体教室的管理

目前，高校教学基本建设不断发展，多媒体教室不断增加，只有不断完善多媒体教室的管理才能保证多媒体教学的正常进行。

（一）管理制度建设

教育技术与课程整合不断深入，教师使用多媒体教室的需求不断增多，教师的教育技术水平参差不齐。结合实际制定相应管理制度，规范多媒体教学日显重要。主要考虑以下几点：第一，多媒体教室设备使用需提前预约，统一安排；第二，教师按操作规程操作平台，不得私自搬动设备和接线，无关人员不得操作多媒体设备；第三，不得在计算机内设 CMOS 密码和开机密码，修改和删除原有 CMOS 参数和应用软件；第四，课间休息应关闭投影机电源，以便提高投影机使用效率；第五，课后教师应按操作规程退出系统；第六，课后教师应填写使用登记表。

（二）管理系统建设

管理系统建设分为多媒体教室教学管理系统和多媒体教室网络控制管理系统。教学管理应由目前普遍使用的人工安排多媒体教室逐步过渡到网上预约，通过开发适合本校实际的多媒体教学管理系统，采取智能化预约，提高多媒体教学的管理效率。

多媒体教室网络控制管理是指通过该系统可在主控室内控制多媒体教室内的相关设备，实现设定功能，并能实时与任课教师交流，保障教学正常进行。多媒体教室网络控制管理系统的实施将使反映问题和解决问题变得更加快捷。管理上的方便、直接和高效，解决了多媒体教室数量增加后管理复杂、人员紧张的难题。

（三）管理人员建设

以人为本，明确人才队伍建设对多媒体教室管理的作用与地位。在加强多媒体教室硬件建设的同时，应注重和加强管理技术队伍的建设。多媒体教室管理技术队伍是多媒体教室建设的骨干力量，对保障多媒体教学正常进行及教育技术与课程整合起着重要作用。因高校各学科教师对多媒体技术掌握程度不一，管理人员的任务不仅仅是建设、管理好多媒体教室，同时应根据教师的需要担负起多媒体技术培训的任务，更好地为教师服务、为教学服务。

在人员建设方面，应逐步引进高学历、高层次人才到管理技术队伍中来，改善队伍知识结构。对于现有技术人员，应制订培训计划，定期到国内名校进修，特别重视新技术的学习与消化，提高业务水平和实践技能，以适应技术的发展和多媒体教学的需要。重视和发挥管理技术队伍的作用，用好人才，积极创造条件，调动人员的工作积极性。加强考核，建立人员考核制度，提高队伍的整体素质，造就一支业务水平高、奉献精神强、富有团结协作精神的管理技术队伍，使其为学校教学科研工作做出积极贡献。只有不断优化结构，提高素质，建设高水平管理技术队伍，才能充分发挥现代信息技术的作用；同时，通过多媒体教室的构建，在实践中积累经验，完善多媒体教室建设，更好地为教学服务。

（四）管理方式建设

多媒体教室使用人员广，操作水平参差不齐，使用频率高。应根据不同配置，采用相应的管理方式，这对优化管理资源显得极其重要。

1. 自助式管理

自助式管理是指教师掌握多媒体技术及设备操作规程后，对所使用的多媒体设备实行自我管理。每学期开学初，对使用多媒体教室的相关教师根据使用教室的设备差异分别进行技术培训，内容为多媒体教室使用规章制度、操作规范及多媒体基础知识等，培训结束后发给相应的资格证书，并在开始使用的一段时间内投入管理人力现场跟踪，记录相应教师的操作能力，有针对性地进行再培训。对能独立操作的教师核发独立操作证书，对其使用教室采用自助式管理，上课前到规定地点领取相关钥匙即可，设备的开关由教师自行操作。在自助式管理过程中，管理人员应加强对多媒体设备的课后维护，对每次检查结果及时登记备案，发现问题及时解决，保证下次课设备正常运行。自助式管理适合相对分散、无法或不适合安装管理系统的多媒体教室。该措施的实施能有效缓解管理人员紧张的局面，当然需要相关职能部门的配合支持。

2. 服务式管理

对于实行网络管理的、装有监控系统的多媒体教室实行服务式管理。服务式管理是指教师无须对设备开关进行操作，通过网络管理系统将开课多媒体教室教学使用设备在上课前 5～10 分钟全部开启（投影机、计算机、展示台等设备），教师直接使用设备即可。管理人员通过监控系统全程监控设备使用情况，并在上完课后，检查设备状况并关闭设备与操作台。

服务式管理与自助式管理都应在管理过程中加强设备管理，增加巡查力度，做好记录，及时了解设备使用状况、投影机灯泡的使用时间，定时还原计算机系统等。这极大方便了教师的使用，提高了效率，同时体现了管理为教学服务的思想。多媒体教室的构建与管理是一项系统工程，科学、先进的管理规范是多媒体教学的基本保证，管理人员应在实践中不断摸索，及时沟通，以教学为本，加强管理机制，最大限度地保障多媒体教学正常进行，促进技术与课程整合。

第三节　高校课外学分认证统计信息系统

一、课外学分认证统计信息系统相关研究

（一）课外学分简介

课外学分，一般称为课外活动，指在正常课堂教育教学之外，根据受教育者的需求和自身的努力，以及教育、教学的需要，对教育者有目的、有计划、有组织地在直接或间接的指导下实现教育目的的一种活动。课外学分是校园最为显性的一个层面。它以学生为主体，包括了文体政经、志愿服务、学术科技、兴趣爱好等多种活动，它是学校教育的重要组成部分，是课堂教学的有益补充，对于不同学科学生来说，选择课外活动，可以多学一些本学科以外的东西，不同学科相互渗透、相互交叉，可以使知识不断丰富，融会贯通，对于人才的培养有重要的作用。

课外学分是我国高校学生学习生活的重要方面，构成高校学生的业余生活，有利于发展学生的特长，激发学生学习的兴趣和积极性，有助于开发学生的潜力和创造性，培养学生分析问题和解决问题的能力，促进学生的全面发展。通过课外学分系统，不仅丰富了学生的业余生活，拓宽了视野，提高了综合能力和实践能力，还使学生能够初步了解社会，特别是通过参加学术类活动，提高了专业知识，了解了本领域的前沿技术。同时，课外学分是大学生探索自我、发展人际关系的天地，是生活教育实践的场所，是引导大学生参与社会，塑造健全人格，促进大学生全面发展最自然、最直接、最有效的教育方式。

综合上述，课外学分系统为学生德、智、体、美全面发展提供了一个平台，通过课外学分，可以对学生进行思想品德教育，在活动中，加深学生对思想观点和道德意识的自我认识，调动学生学习的积极性，激发他们的求知欲和好奇心，在充分发挥独立自主精神的条件下，拓宽视野，提高技能锻炼，

使学生将理论知识应用于实际的工作中，培养学生多方面的兴趣爱好，增进身心健康，提高他们在未来的学习、工作中继续探索的勇气。课外学分能引导大学生树立正确的人生观、道德观、价值观，摆正个体价值与社会价值、理想价值与现实价值、道德价值和功利价值之间的关系，均衡各个关系，实现人生价值，确实地肩负起建设中国特色社会主义的伟大使命，真正实现祖国繁荣富强，人民幸福安康。

（二）系统技术基础

1. C/S 与 B/S 结构

（1）C/S 结构

C/S（client/server），即客户 - 服务器结构，分别为客户端和服务器。C/S 结构的工作原理：client 程序的任务是将用户的要求提交给 server 程序，再将 server 程序返回的结果以特定的形式显示给用户；server 程序的任务是接收客户程序提出的服务请求，进行相应的处理，再将结果返回给客户程序。C/S 结构是一种两层结构的系统：客户端系统上的表示层与业务逻辑层为第一层；网络上的数据库服务器为第二层。因此，C/S 结构的软件系统主要由三个部分组成，即客户端应用程序、服务器管理程序和中间件。

课外学分认证统计信息系统客户端用 C/S 结构，因为 C/S 结构具有很多突出的优点，例如：①交互性强。在 C/S 结构中，客户端拥有功能丰富的应用程序，包括出错信息提示和在线帮助等方面的强大功能。②响应速度快。由于 C/S 结构的客户端与服务器直接相连，没有中间环节，因此对相同的任务而言，C/S 结构的响应速度要比 B/S 结构快。③数据的储存管理功能较为透明。在数据库应用中，数据的储存管理功能是由服务器程序和客户应用程序分别独立进行的，在服务器程序中集中实现，所有这些对于工作在前台程序上的最终用户，是透明的，他们无须过问背后的过程，就可以完成自己的一切工作。④服务器端负荷轻。服务器程序被启动，就随时等待响应客户程序发来的请求；客户应用运行在用户自己的电脑上，对应于数据库服务器，当需要对数据库中的数据进行任何操作时，客户程序就自动寻找服务器程序，并向其发出请求，服务器程序根据预定的规则做出应答，送回结果，应用服务器运行数据负荷较轻。

（2）B/S 结构

B/S（browser/server），即浏览器 / 服务器结构，是 Web 兴起后的一种网络结构模式，Web 浏览器是客户端最主要的应用软件。这种结构统一了客户端，将系统功能实现的核心部分集中到服务器上，简化了系统的开发、维护和使用。客户机上只要安装一个浏览器，服务器安装数据库软件，浏览器通过 Web server 同数据库进行数据交互。

B/S 结构的工作原理：客户端运行的浏览器软件以超文本标记语言（hyper text markup language，HTML）的形式向 Web 服务器提出访问数据库请求，Web 服务器在接受客户端的请求之后，首先以结构化查询语言（structured query language，SQL）语法的形式交给数据库服务器，数据库服务器将处理完的结果返回给 Web 服务器，Web 服务器负责将结果转化为 HTML 文档形式发送给客户端浏览器，最终以 Web 页面的形式在客户端浏览器上显示出来。

B/S 结构的特点归纳总结如下：①维护和升级方式简单。B/S 结构的软件只需要管理服务器就行了，系统管理人员不需要在几百甚至上千部电脑之间跑，所有的操作只需要针对服务器进行，所有的客户端只是浏览器，不需要做任何的维护。如果是异地，只需要把服务器连接专网即可，实现了远程维护、升级和共享。因此，软件升级和维护会越来越容易，使用起来会越来越简单，这对用户人力、物力、时间、费用的节省是显而易见的、惊人的。②成本降低，选择更多。凡使用 B/S 结构的应用管理软件，只需安装在 Linux 服务器上即可，而且安全性高。所以服务器操作系统的选择是很多的，不论选用哪种操作系统都可以让大部分人使用 Windows 作为桌面操作系统，而电脑不受影响，这就使免费的 Linux 操作系统快速发展起来。Linux 除了操作系统是免费的，连数据库也是免费的，这种选择非常盛行。③B/S 结构具有很强的开放性，易于结构的扩展，可提供集成地解决企业内部各种业务的服务，提高企业信息化系统的集成度。

由上述分析可得到：B/S 结构的优越性主要体现在对信息的发布和数据的共享方面，减少管理人员维护和升级的工作量，所以 B/S 结构比较适用于系统与用户之间信息交互量比较少的应用场合，对于需要频繁地进行大量数据信息交互及要求快速地进行数据处理的场合，C/S 结构可以说是一种较好的选择。课外学分认证统计信息系统既要考虑先进性，也要考虑成熟性，一种比较好的方案是将 C/S 与 B/S 结构交叉并用，这样可以充分发挥两种结构的优点，回避各自的不足。在这种交叉并用的体系结构模式中，其实质是将 C/S 结构的数据库统计、分析、控制的强项功能与 Web 技术的信息查询、信息发布强项功能进行有机结合，为课外学分认证统计信息系统的结构模式选择提供了最佳解决方案。

2. .NET 框架和 ADO.NET

（1）.NET 框架

.NET Framework 是 Microsoft 为开发应用程序创建的一个富有革命性的新平台。.NET Framework 可以创建 Windows 应用程序、Web 应用程序、Web 服务和其他各种类型的应用程序。

.NET 框架提供了公共语言运行环境（common language runtime, CLR）和 .NET Framework 类库两个主要的组件。其中，公共语言运行环境是 .NET框架的基础，它提供了内存管理、线程管理和进程处理等核心服务功能，并且还实施了严格的类型安全控制及代码准确性控制等功能。.NET Framework类库是一个面向对象的可重用类的组合，利用 .NET Framework 提供的类库可方便地进行多种应用程序的开发。例如，进行传统的命令行或图形用户界面应用程序的开发，以及基于 ASP.NET 的应用程序开发等。

从层次结构来看，.NET 框架主要组成包括三个部分：公共语言运行环境、服务框架和上层的两类应用模板（传统的 Windows），即应用程序模板（Win Forms）和基于 ASP.NET 的面向 Web 的网络应用程序模板（Web Forms 和 Web Services）。

（2）ADO.NET

ADO（active data objects）是 Microsoft 开发的面向对象的数据访问库，

ADO.NET 是 ADO 的后续技术，提供对 SQL Server 等数据源的一致访问。数据使用者可以通过 ADO.NET 来连接到这些数据源（SQL Server/Access/OLE DB 等），并检索、操作和更新数据。ADO.NET 允许与不同类型的数据源及数据库进行交互，不仅能够对一般的数据库进行访问，同时也能够对文本文件、Excel 表格或者 XML 文件进行访问。

　　ADO.NET 系统由两个重要部分组成，即 .NET Data Provider 和 ADO.NET 系统架构。ADO.NET 具有三个专用对象，即 DataAdapter、DataReader 和 DataSet，用于执行相应的特定任务。

　　.NET 框架提供统一的编程模式：不论什么语言和编程模式都是用一样的 API。其中的数据提供程序 .NET Data Provider，包含了四个主要对象：① Connection 对象。用于创建一个到达某个数据源的开放链接。通过此链接，可以对一个数据库进行访问和操作。② Command 对象。用于执行面向数据库的一次简单查询。此查询可执行诸如创建、添加、取回、删除或更新记录等动作。③ DataReader 对象。用于从数据库中检索只读、只进的数据流。查询结果在查询执行时返回，并存储在客户端的网络缓冲区中，直到使用 DataReader 的 Read 方法对它们发出请求。④ DataAdapter 对象。可以隐藏和 Connection 对象、Command 对象沟通的细节，通过 DataAdapter 对象建立、初始化 DataTable，从而和 DataSet 对象结合起来，在内存存放数据表副本，实现离线式数据库操作。

　　3. C#

　　C# 是微软公司发布的一种面向对象的、运行于 .NET Framework 之上的高级程序设计语言。C# 包括了诸如单一继承、接口，以及与 Java 几乎同样的语法和编译成中间代码再运行的过程。同时，C# 与组件对象模型（COM）是直接集成的，其综合了 VB 简单的可视化操作和 C++ 的运行高效率，以其强大的操作能力、便捷的面向组件编程，支持成为 .NET 框架的主角。

　　C# 语言的特点：第一，完全支持类和面向对象编程，包括接口和继承、虚函数和运算符重载的处理。第二，对自动生成 XML 文档说明的内置支持，自动清理动态分配的内存。第三，对 .NET 类库的完全访问，并易于访问

Windows API。第四，改变编译器选项，可以把程序编译为可执行文件或 .NET 组件库，该组件库可以用与 Active X 控件相同的方式由其他代码调用。第五，可以用于编写 ASP.NET 动态 Web 页面和 XML Web 服务。

C# 是一种多语言优点的混合体，既体现了 Java 语言简洁性和 VB 语言简单性的特点，同时也体现了 C 语言强大功能和灵活性的特点，所以说 C# 语言是一种集成各语言优势的、网络化时代的有效开发工具。

二、系统需求分析

（一）系统设计目标

随着信息化校园、数字化校园的发展，信息系统向着规模化、智能化、网络化的方向发展，高校学生急剧增加，有关学生的各种信息量也在成倍地增长。在这种情况下，单靠人工来处理学生信息，工作量很大，利用计算机可以将人们从繁重的工作中解脱出来，仅使用一些简单的操作便可及时、准确地获取需要的信息。系统设计的目标就是采用基于项目的软件工程，面向对象研究方法，系统实现对学生、会议、教室的管理，以及签到的统计与汇总、报表打印等功能，使课外学分管理工作系统化、规范化、自动化，从而达到提高管理效率的目的。大学生课外学分认证统计信息系统采用 B/S 和 C/S 混合结构，采用自顶向下的开发模式，开发过程主要包括前台应用程序的开发和后台数据库的建立及维护两个方面。

系统所要实现的基本目标主要有：第一，教室、会议、终端、项目、统计信息的管理（添加、删除、修改等）。第二，教室、会议、终端、项目、签到记录等信息的检索、统计、报表打印等。第三，实现指定教室、指定会议、指定人员参加讲座。第四，通过刷校园卡实现身份识别、签到，刷卡后显示签到者姓名、照片、学号等信息。第五，数据通信安全，信息安全，统计准确。第六，安装简单，操作方便，系统运行效率高。第七，具有较强的可维护性和扩充性，能够适应用户的业务需求变化。

出于上述考虑，系统确定的设计采用自上而下扩展、快速原型法等开发方法。自上而下先从整体上协调和规划，由全面到局部，由远期到近期，从探索合理的信息流出发来设计信息系统。快速原型法先构造一个功能简单的原型，然后对原型逐步进行修改，不断扩充完善到最终的系统。此外，为了提高模块的高聚合性、易扩展性，降低模块间的耦合程度，数据库的设计原则是把它作为中间模块，从而既实现数据共享，提高模块的独立性，又使系统具有更高的可修改性。

（二）系统功能分析

课外学分认证统计信息系统是指定人员到指定教室参加讲座或其他活动时，通过读写器刷校园卡签到的方式实现身份识别、签到，上传签到流水后，通过后台自动统计签到人员的参与次数、参与权重，从而管理成绩、分配学分、打印报表等。

服务器端：主要是对管理人员信息、教室信息、终端信息、会议信息的管理（如添加、修改、删除、查询等），系统参数信息设置，同时统计、查看签到情况，分配学分，打印报表，分析数据，等等。

客户端：主要是在教室初始化程序、初始化读写器，下载会议，显示会议信息，刷卡，身份识别后显示签到人姓名、学号、照片等信息，上传流水供服务器查询、统计。

（三）系统需求分析

第一，数据精确度。数据要求必须精确、可靠、真实。进行操作请求时（如查找、删除、修改、添加），应保证输入数据与数据库数据的高度匹配性。而在满足用户请求时，系统应保证所响应数据的查全率。

第二，响应特性。为满足用户的高效要求，数据的响应时间、更新处理时间、数据转换与传输时间、运行时间都应在 $1 \sim 2$ 秒完成。如果需要与外设交互（如打印机），响应时间可能较长，但应在可接受范围之内。

第三，较高可扩展性与维护性。系统采用模块化设计、积木式的开发，有利于后期系统的维护升级与扩展。

第四，支持数据库备份与灾难性恢复。数据库有一定的抗灾与容灾能力，具有较高的可靠性与容错能力，同时采用备份服务器和硬盘镜像技术，数据恢复简单、方便。

第五，自动化、信息化、网络化程度高。系统能自动统计信息、打印报表，同时支持在线传输数据，适合在校园内使用。

三、系统设计

（一）数据库设计

数据库是信息系统的核心，信息系统离不开数据库，信息管理实质就是对数据的管理，将数据库管理系统应用于信息管理，有助于信息管理的规范性、系统性、科学性，能极大地提高信息管理的效率，更好地发挥信息管理的作用。例如，系统数据库采用 SQL Server 2008，则具有以下优点。

1. 数据压缩和备份压缩

内嵌在数据库中的数据压缩和备份压缩可以更有效地存储数据，同时还提高了性能，加快了备份速度，节省了操作时间。

2. 星型连接查询优化器

SQL Server 2008 查询性能采用星型连接查询优化器，通过辨别数据仓库连接模式降低了查询响应时间。

3. 最大限度地减少管理监视

监视管理框架是基于策略的新型管理框架，它通过对数据库操作定义等一系列策略来简化日常维护操作，降低成本。

4. 集成捕获变更数据

方便地捕获变更后的数据，并放在变更表中，提供改进的查询功能，允许管理和修改数据。

（二）接口设计

设计开发课外学分认证统计信息系统与校园卡管理系统接口集成，引用共享数据中心模式，使原各业务数据库表保持不变，通过触发器或者开发数据接口读取需要共享的数据，并且进行转换、汇总，生成新的共享数据库。Web Service 是一种通过 Web 部署提供对业务功能访问的技术。它成为企业相互交流信息资源的一个接口。Web Service 可以突破服务器、网络宽带的限制，以较快的速度提供跨平台的数据服务。它最基本的目的就是提供在各个不同平台、不同应用系统的协同工作能力，使供应商与客户实现无缝交互。高校课外学分认证统计信息系统可以通过 Web Service 调用、存取数据库信息。

（三）系统设计与开发

1. 系统设计原则

为确保系统的建设成功与可持续发展，在系统的建设与技术方案设计时应遵循以下的原则。

（1）实用性和可靠性原则

信息系统的实用性是开发信息系统遵循的首要原则，以够用为度，并注重理论与实际相结合。

可靠性是指系统在特定的时间内，在特定的环境和条件下，无失效执行其预定功能的概率。可靠性包括硬件可靠性和软件可靠性。硬件是一种物质产品，失效的主要原因是硬件故障，可靠性主要体现在硬件设备性能的稳定性；而软件是一种逻辑产品，失效的根本原因是设计错误，软件可靠性主要体现在应用软件操作系统的稳定性，以及软件功能可靠、无故障及具有可操作性等。

（2）易扩展性和易维护性原则

易扩展性原则，是指要在系统建设中充分考虑未来的发展，不仅要留足充分的冗余，还要在以后能够进行积木式的扩展。易维护性原则，即系统在运行中的维护应尽量做到简单易行，维护过程中无须使用过多的专用工具，在系统故障率最低的同时，即使出现突发事件，也能保证数据的快速恢复。

（3）先进性和安全性原则

设计上重点突出"技术为业务服务"的主题，要对业务和技术进行综合考虑，在吸纳先进设计理念和丰富经验的基础上，形成具有实际特点的设计方案。系统硬件的安全措施采用备份服务器和硬盘镜像技术等，而系统的软件安全表现在登录系统时，通过身份验证来辨别用户，并为各级用户分配不同的权限。同时，及时修复系统漏洞，安装杀毒软件。

（4）易管理和复用性原则

系统的开发过程中，采用面向对象的方法和模块化的思想，将整个系统分解为模块加以实现，这就使得系统易于管理、易于修改，其各功能模块可重复使用等。

2.系统开发方法

常用的系统开发方法有生命周期法和快速原型法。以快速原型法为例，快速原型法是针对结构化生命周期法的问题提出的一种新的系统开发方法，它首先构造一个能反映用户要求、功能简单的原型，然后对原型逐步修改完善，精益求精，最终建立完全符合用户要求的新系统。原型就是模型，而原型系统就是应用系统的模型。

快速原型法的主要优点：第一，它提供了一种验证用户需求的环境，允许在系统开发生命周期的早期进行人机交互测试。第二，它提高了最终系统的安全性，能减少系统开发的风险。第三，既可以用实例建立新系统，也适用于对旧系统的修改。第四，加强了开发过程中用户的参与程度，加深了对系统的理解。第五，可以提供良好的系统说明和示例示范，简化开发过程的项目管理和文档编制。

快速原型法的应用，克服了生命周期法的不足之处，具有缩短开发周期、降低维护费用、适用性和可靠性强、调试容易等优点。基于快速原型法，先利用较短的时间开发一个平台原型，然后根据待实现的系统功能对原型进行讨论分析和修改，开发一个系统，随后提供给用户试用一段时间，根据用户反馈意见对系统加以维护和完善，确定系统的框架，最终在这个框架的基础上逐步细化并详细编制各个功能模块。

第四节　高校课外学分实施的实践

一、高校课外学分的研究

根据高等院校专业人才培养方案的特点和学分制教学管理模式的内涵，以落实教育部"教学改革与教学质量工程"，推动高等教育教学改革与发展为主线，依据学校"厚基础、宽口径、善创新、高素质"的本科人才培养思路，按照培养具有强烈社会责任感和时代使命感，适应经济社会和科技发展需要，适应能力强、实干精神强、创新意识强的高级专门人才的要求，实施课外学分管理的研究与改革。按照边研究、边改革（实践）、边完善、边建设的方法，由局部到整体、由部分到全面地组织、实施有关改革措施，逐步实现改革的系统化，构建新高校人才培养新模式。

（一）以观念更新为先导，进行课外学分实施与管理的研究

课外学分实施与管理要以终身教育、素质教育、创新教育等教育观念为指导。现代科学技术发展突飞猛进，知识更新周期缩短，市场经济条件下的职业变动频繁，高等教育要变一次性教育观念为终身教育观念，必须树立集传授知识、培养能力与提高素质于一体的素质教育观念，在提高学生科学素质、业务素质的同时，培养学生的文化素质和身心素质。课外学分的实施与管理要以全面提高学生的基本素质为目的，尊重学生的主体意识和主动精神，以巩固学生的基本知识、基本理论和基本技能为目的，以挖掘教育的深层内容，培养学生应用知识发现问题、分析问题、解决问题的能力，开发学生的潜能，激发学生的想象力和创新意识为根本点。

（二）以三大关系的探讨为核心，探讨课外学分实施办法的制定

1.课内与课外的关系

对于在校大学生来说，课堂教学和实践性教学环节是获取知识、培养能力、提高科学文化素质的首要途径，而课外活动则是课内学习和实践的延伸

和拓展；课外学分的设置必须以课堂教学为基础，以理论教学和实践教学带动课外活动，以课外活动促进理论教学和实践教学改革。没有理论教学基础和实践性教学环节的磨炼，课外学分的设置就会成为无源之水，无本之木。过分强调课外学分，强调学生的兴趣，也可能荒废课程学习。因此，课堂教学与课外活动、课内学分与课外学分必须有机结合，统一规划，精心设计。

2. 数量与质量的关系

在处理课外学分的数量与质量关系时，必须坚持质量标准。只有强调质的标准，才能实现课外学分的导向作用，才能吸引和鼓励学生投入课外的学习与创造活动；而量的标准，则主要通过科学设置课外学分项目来实现。

3. 个性发展与团队精神的关系

人才培养方案强调课程教学的统一性和培养规格的一致性，但这并不排斥学生的个性发展；设置课外学分，为学生提供个性发展的空间和施展个人才能的舞台，并不等于削弱集体观念和团队精神。

（三）以分类、分级、严格考核为原则，研究课外学分实施与管理体系的构建

1. 分类管理的原则

对于不同类别的课外学分，高校将由相应的管理部门实行分类认定。科技创新活动、学术科研、学术论文、资质或资格培训主要由学生所在学院认定；专利技术主要由科研处认定；学科竞赛、科技竞赛主要由竞赛承办部门认定；体育竞赛及水平测试主要由相应的课程归属部门管理；校园文化活动和社会工作或社会实践活动主要由学生工作部门管理，美育活动由艺术与设计学院管理，教务管理部门负责学生课外学分的汇总与审核；等等。

2. 分级设置的原则

事实上，不仅不同类别的课外学分的内涵及难易程度有很大的不同，而且同类别的课外学分也有层面上的不同与难易的差别。所以课外学分的管理与设置应当采用分级分层的原则。

3.严格考核的原则

严格考核不仅能体现公平性，也能体现课外学分的价值。为此，在课外学分的设置过程中要严格把关，执行申报、论证、审批制度，防止课外学分的泛化；同时，在课外学分的考核过程中必须严格把握质量。

二、高校课外学分研究的实践特色与发展

（一）实践特色

第一，突出学生在学习中的主体地位，以学生发展为中心，发挥学生的学习主动性，并将此作为课外学分取得认定的一个重要标准，从观念和行动上对传统的教师中心论和课堂中心论发出挑战。

第二，将把学校教育资源向学生开放作为人才培养模式改革的一个重要相关措施，为学生根据自己的兴趣爱好自主学习创造良好的条件。

第三，将课外学分实施管理办法的改革体系化，建立起以分类、分级、严格考核为原则的课外学分实施与管理体系，使课外学分实施与管理的各个方面更加系统化、科学化。

（二）发展前景

课外学分实施与管理是探索性、实践性、发展性很强的工作，需要不断依据实际情况进行修订、更改和发展。

第一，课外学分应体现分类指导的原则，具有可操作性。首先要研究如何分类制定课外学分的实施标准。课外学分如何分类更有科学性，如何体现分类指导的原则，如何更具有针对性和可操作性，都是需要进一步研究的。

第二，课外学分的研究要贯彻实践—认识—再实践—再认识的原则。

第三，课外学分实施办法应形成定期修改制度。应该通过对课外学分管理制度的不断充实和完善，促进人才培养质量的不断提高。应建立定期完善规范相关文件的清理、修改制度，及时吸收深化高等教育素质教育改革的成果，丰富、充实和修改相关内容。

第四，发扬实事求是的学术科技精神，把课外学分管理制度建设成为培养青年学生追求科学、探索真知的孵化器。继续积极引进新的课外学分管理机制，加大创新力度，使大学生课外活动在层次上继续提升，在质量上继续提高，在影响上继续扩大。

第五，进一步加强理论研究，提高对课外学分管理制度在大学教学管理体系中重要地位的认识，完善各种配套措施，促进高素质理工科专业人才培养模式改革的体系化、科学化、系统化和制度化，努力为理工科专业大学生的全面发展和综合素质的提高创造更加良好的条件。

第六章

高校数字教学资源共建共享的平台

第一节　高校数字教学资源共建共享平台的基础知识

一、高校信息化建设过程中面临的问题

目前，高校在信息化建设过程中正面临着平台建设问题，用户对资源平台的性能和服务质量提出了更高的要求，原有系统正面临着整体规划欠缺、投资缺口增加、资源利用率低等难题，具体表现有以下三个方面。

（一）服务器维护问题

大量信息资源系统以传统的方式运行在单个物理服务器上，在服务器的需求数量不断增加的同时，也带来了高额的购置和运维成本，以及相对低下的服务器利用率。因系统维护升级造成的应用中断、兼容性和数据安全性差、新服务器和应用的部署时间长等一系列问题都制约着资源平台的建设。

（二）数据存储的潜在风险问题

随着数据量的不断增加，数据类型日益复杂，存储业务过于分散，数据的安全性和可靠性更需要得到保证。特别是关键资源数据库需要可靠的容灾备份机制，解决不可抗拒因素导致的系统宕机、硬盘损坏或者病毒侵害等问题。

（三）资源信息孤岛问题

前期建设的资源系统缺乏规划统一架构而形成了多个信息孤岛。各类系统平台分别运行在不同的业务中心，导致存储资源不能实现数据共享与迁移，资源存储空间无法实现动态分配，造成存储空间的巨大浪费。

二、建设高校数字教学资源共建共享平台的意义

当前高校迫切需要立足全局，建设高起点、高水平的具备跨区域的能力，

共享教育成果，能够提供资源管理、信息统计等功能的个性化和智能化的信息化支撑平台。平台应具备教学资源管理、在线学习和整合院校信息的教育教学资源等功能，能够为网络教学、资源建设和各院校之间的信息统筹管理提供有力支撑。

（一）依托网络教育模式，改善教育资源不平衡现状

数字教学资源共建共享平台应具备实用可靠的网络教育教学功能，平台中的教育资源分配网络可以聚集社会力量，保证教育资源的稳步增长。基于网络的教育模式使教师和学生都能得到均等的培训和受教育的机会，突破学校教学水平、传统教材和教师能力的局限，提高教学效率，实现公平教育，改善教育资源不平衡现状。

（二）以教学社区为载体，促进教学手段和方式转变

平台需要依托社区空间来组织教学活动，由教师建立分类学习社区，进行分组教学、案例教学、项目教学和虚拟现场教学，利用社区空间完成课件下发、作业批改、实训模拟、过程指导、效果评价和教学资源整合，社区模式增进师生间和学生间的交流互动，实现传统的封闭式、灌输式教学方式向开放式、互动式的教学方式的转变。同时，社区互动可以调动师生参与资源建设的积极性，便于形成职教资源人人参与、资源共建的新局面。

（三）信息统一集成有利于提升统筹管理水平

平台需要对各院校教务信息、学籍信息、就业信息等业务平台关键信息进行统一集成，利用统一集成平台实现学生技能抽查、人才培养评估，提升监管和评估水平，促进教育管理手段和方法创新。充分发挥统一集成后平台透明度高、互动性强的特点，促进决策的民主化和管理的透明化，构建高等教育管理新机制。

三、数字教学资源共建共享平台的建设目标

利用云计算技术等先进的信息化技术手段，建成集教学资源长期管理、

自主在线教学和院校信息统一监管于一体的数字教学资源共建共享平台，是高校数字教学资源共建共享平台的建设目标。

数字教学资源共建共享平台由教学资源云存储系统和教学信息统一集成系统组成。教学资源平台的建设应依托院校主体，建设以院校为基本单位的教学资源云存储系统，由院校自主管理教学资源，同时为跨院校的教学资源共享提供平台支持。院校信息管理应以省中心，为统一平台建设教学信息统一集成系统，实现各院校信息的集成整合。

数字教学资源共建共享平台建设工作可从示范院校开始，逐渐形成一个以教学信息统一集成系统为中心，以教学资源云存储系统为基础，集中优质资源，统一信息管理，服务于各高校的支撑平台。

第二节　高校数字教学资源共建共享平台的解决方案

一、基于云技术的系统架构

数字教学资源共建共享平台采用基于云平台的系统架构，利用云平台实现动态易管理的基础资源池，通过虚拟化技术整合各院校的既有软硬件资源，能够在有限的成本投资下最大限度地满足教学管理过程中在教育资源利用、信息数据管理、教学过程控制等方面的需求。

云平台以用户为中心，提供安全、快速、便捷的数据存储和网络服务，使互联网成为每一个用户的数据中心和应用中心，成为未来网络学习的基本环境与平台，应用"云服务"支持并推动网络教与学的发展。

数字教学资源共建共享平台是教学资源云存储和应用系统。云存储系统可由多个校级云存储系统组成，校级云存储系统构成粒度最小的云存储系统，能够自主管理、独立运行，院校之间通过互联网或专线互联。教学信息统一集成系统集中部署在省级的中心节点，通过互联网或专线与各高校互联，通过异构数据库集成技术实现对各高校业务平台信息的统一管理。

二、云存储系统

云存储系统由分布式存储系统、数据存储与布局管理系统、系统管理平台、系统监控平台、客户端工具及 Web 门户组成。底层的分布式存储系统对物理存储节点进行统一管理，上层的数据存储与布局管理系统为用户提供个人存储和学习社区存储服务，同时为其他应用平台提供开放编程接口，系统管理平台实现可视化系统定制服务，系统监控平台实现对关键服务和服务器硬件设备状态的全面监控，能够增强系统的可管理性，提高系统运维效率。

（一）分布式存储管理服务

分布式存储管理服务负责将多个分散的存储服务器的物理存储资源，通过计算机网络组建成一个大规模的安全、可靠、逻辑统一的存储资源池，通过挂载到接入服务器，使用与本地磁盘分区一样的方式进行基本的数据存取访问，并可通过接入服务器上的 Web 容器提供网络环境下的数据访问服务。

分布式存储管理服务的软件系统由部署在各存储服务器上的深度优先搜索算法（depth first search, DFS）执行模块、部署在主控服务器（主控服务器可以与存储服务器复用同一台物理服务器）上的 DFS 主控服务模块、部署在接入服务器上的 Web 服务封装模块、部署在接入服务器上的数据访问 Web 服务模块、部署在各存储服务器上的系统运行监控模块，以及部署在主控服务器上的系统管理配置模块组成。

分布式存储管理服务具有数据存储服务、系统管理配置、节点运行监控三大功能，提供统一的 Web 编程接口和 HTTP 数据访问接口，支持在系统上进行二次开发，同时还提供基于 B/S 架构的图形化访问界面，方便用户进行系统管理与维护。

（二）数据存储服务功能

系统支持异构存储资源整合，能够将部署 DFS 执行模块的不同物理配置和不同软件环境的服务器的存储资源整合为统一的存储空间；系统提供统一的 HTTP 数据访问接口,支持基于 HTTP 协议的数据传输;系统提供文件分块的数据存储功能;系统提供数据副本功能,能够在部分物理节点或物理存储设备故障的情况下继续提供数据存储服务,并能重新创建数据副本,保持副本数量不小于设定值;系统支持数据延迟删除和自动垃圾回收。

(三)系统管理配置功能

系统支持数据副本策略配置管理,通过控制副本数量来调整系统读写访问性能和数据可靠性;系统支持存储节点的动态加入与退出,通过增加新存储节点能够进行系统在线扩容;系统支持对存储节点进行空间配额配置,确保节点不发生存储过载的问题。

(四)节点运行监控功能

系统支持基于 B/S 架构的节点运行监控,能够查看所有用户的连接情况,能够查看各存储节点的存储空间使用情况、垃圾数据情况、参数设置情况(如 IP 地址、存储路径等)、数据访问性能统计信息,而且还能够查看存储服务器和主控服务器的实时系统负载信息。

(五)数据存储与共享服务

数据存储与共享服务利用分布式存储管理系统所提供的统一存储空间,为个人用户提供私有存储空间,为相互联系的多个用户提供社区共享存储空间。

数据存储与共享服务由部署在数据管理服务器(可与存储服务器复用同一台服务器)上的数据管理模块、部署在 Web 服务器(可与存储服务器或数据管理服务器复用同一台服务器)上的 Web 前端管理模块、Web 后端管理模块、用户认证模块、社区管理模块和基础信息库模块组成,数据存储与共享服务平台依赖分布式存储管理系统提供的数据存储服务。

数据存储与共享服务具有个人存储与社区存储数据映射管理、用户与社区管理、用户认证服务等功能,其中数据社区存储服务使多个用户之间能够方便地分享数据,数据存储与布局服务提供了开放编程接口与云存储系统访问控制运行时库,使客户端及第三方应用可以方便地无缝集成云存储服务。

系统为用户提供不少于用户配额的个人网络存储空间；系统为社区提供不少于社区配额的共享网络存储空间，属于社区的用户可以使用数据共享服务；利用社区功能可以建立以学科专业和教学班级为基本单位的教学社区，通过教学社区管理，共享、分发、累积、建设教学资源，实现基于教学社区的在线学习方式。

系统提供统一用户身份认证功能，为客户端虚拟磁盘的用户挂载和 Web 前端与后端的用户登录提供认证服务；提供基于用户管理和社区成员管理的逻辑关系与基础数据结构。用户认证信息与社区成员关系信息统一存储在基础数据库中，数据存储与共享服务对外提供统一访问接口。

教学资源云存储系统环境包含了多台物理服务器及软件服务模块，为了保证系统的正常稳定运行，需要具备一套功能完善、使用便捷的监控平台对云存储系统的硬件设备状态、软件服务状态及用户行为进行实时监控。

（六）节点监控管理模块

监控平台由部署在各个存储服务器与计算服务器（监控节点）上的基础数据采集模块，以及部署在监控服务控制节点的采集任务管理控制模块、监控预警服务模块、监控数据日志模块、监控逻辑规则执行模块、监控规则库管理模块、监控数据日志库模块组成。

监控平台具有服务状态监控、磁盘物理状态检测、服务器物理与逻辑存储空间监控、系统吞吐量监控、系统性能监控、监控自动预警等功能，常用监控功能通过 Web 前端进行可视化展示。

（七）客户端

客户端负责将远端的云存储资源映射为用户本地虚拟磁盘，使得云存储资源能够与本地执行环境无缝整合，既扩展了用户终端设备的存储能力和资源数量，同时充分利用了用户终端已有的计算资源和软件环境。

客户端与用户终端系统环境紧密相关，但无论用户端系统环境是 Linux 各发行版本还是 Windows 的不同版本，客户端模块组成基本保持稳定，由运行于核心态的虚拟文件系统驱动模块，以及运行于用户态的虚拟文件系统运行时库、网络传输控制模块、数据读写执行模块、元数据管理模块、云存储访问控制运行时库模块、系统管理配置服务模块及元数据与文件数据缓存模块组成。

客户端具有虚拟磁盘的数据访问功能，使得远端网络上的云存储资源能够以本地目录和文件的方式呈现给用户；提供数据缓存与元数据缓存功能，提高云存储访问性能；支持图形化系统配置，实现社区存储空间的权限管理。

客户端为用户提供虚拟磁盘访问接口，用户在本地机器上以虚拟的本地磁盘的方式访问，对网络存储空间进行数据读写操作，支持客户端的本地程序直接访问网络存储空间。例如，使用客户端本地的 Office 办公软件直接对网络存储空间中的 Word 文档进行在线编辑，支持客户端本地直接运行网络存储空间中的程序。用户本地应用程序对虚拟磁盘的读写请求经由虚拟文件系统的内核驱动模块传递到运行于用户态的元数据管理模块和数据读写模块中，根据缓存策略和缓存库状态，选择性调用云存储访问控制运行时库模块与远端网络的云存储系统进行数据交互，最终将元数据与数据结果封装为标准的读写应答，经由内核驱动模块返回给用户态的本地应用程序。

客户端提供数据缓存和数据同步控制功能，用户可以根据网络状况和应用场景来调整虚拟磁盘的数据访问性能。用户个人存储空间可以设置为本地离线缓存模式，实现个人存储空间的数据同步，保证用户在网络断开的情况下仍然能够正常使用个人数据，同时具备自动增量数据同步功能。在自动增量数据同步模式下，缓存目录是以文件形式作为数据缓存，即用户拥有的每个文件在缓存目录中都有唯一的文件镜像，其文件名称与数据内容完全一样。当用户在虚拟磁盘上操作个人数据时，都是直接访问缓存目录中的数据。例如，用户写一个文件，在底层上都直接将数据内容写入缓存目录中的对应文件。同时，在客户端的后台程序中，会通过同步进程，定时将用户对个人数据的修改同步到服务器中，或者将服务器的文件变化同步到本地缓存目录中。

客户端在提供对社区存储空间顶级目录的访问权限控制功能后，管理员、用户可以根据需求设定社区存储空间的访问权限，提供存储空间容量使用状态查看功能。对于社区存储空间，用户可以通过客户端的系统配置管理功能管理顶级目录的读写权限，用户的请求由客户端前端程序发送到后台程序，并由元数据管理模块处理，按需经由云存储访问控制运行时库模块与远端云存储服务交换，完成目录权限查看或修改请求。

（八）Web 门户

Web 门户以网站数据服务的方式将教学资源云存储提供给用户，使用户可以通过多样化的访问方式来使用云存储服务，能够在没有安装客户端的情况下使用云存储系统。此外，Web 门户还提供社区管理、文章通知等管理功能，完善教学资源云存储系统的用户接口功能。

Web 门户由部署在门户节点或远端的后台数据库模块、部署在门户节点的用户管理模块、社区管理模块、下载管理模块、资源管理模块、文章通知模块、邮件系统模块、云存储访问控制运行时库模块及 Web 表示层模块组成。

Web 门户具有文件资源查看、文章通知发布、社区用户管理等功能，能够实现满足普通用户快速浏览资源的需求。当社区用户关系发生变化时，Web 门户具备自动邮件通知能力。此外，Web 门户还能展示系统统计信息。

Web 门户具备与客户端相一致的数据访问功能，能够自由下载个人空间中的数据资源，能够通过 Web 资源查看工具在线查看社区存储空间中的数据资源，起到防止资源外泄的保护作用。用户的数据请求通过表示层模块提交到资源管理模块，资源管理模块经由云存储访问控制运行时库模块向远端网络的云存储服务请求元数据信息和数据内容，并由资源管理模块组织成为向用户展示的数据视图，最后由表示层模块返回给用户。

Web 门户为用户提供管理功能，主要包括用户信息管理和社区用户关系管理。以课程教学社区为例，社区成员由选修课程的学生组成，社区管理员为授课教师及其他教辅人员。社区管理员组织社区存储空间中的教学资源，社区成员拥有对社区资源的访问权，Web 门户提供的社区管理功能能够帮助社区管理员增减社区成员和控制社区成员的访问权限，实现授课教师对课程教学资源的有效管控。社区管理员通过表示层模块向用户管理模块与社区管理模块发起社区管理请求，社区管理模块根据请求类型调用用户管理模块请求的被管理用户的个人信息，并调用云存储访问控制运行时库模块调整社区用户关系，最后经由表示层模块返回用户操作结果。

Web 门户能够支持文章通知、资源推荐等服务，兼备内容管理平台的一般性功能，此外还具备邮件自动通知功能。例如，当社区关系发生变化时，系统将通过邮件自动向所有社区成员发送事件变化通知邮件进行提示。文章通知模块与邮件通知模块作为系统辅助功能模块与基础云存储系统相独立，文章内容与邮件信息通过 Web 门户的数据库模块单独存储管理。

三、资源梳理与数据迁移

各类优质数字化教学资源是构建数字教学资源共建共享平台的基础，目前这些优质资源被各高校分散独立管理，依托数字教学资源共建共享平台能够便捷地把这些分散的资源集中管理起来，从而实现校间资源的共享与互补，提高精品资源利用率，实现资源长期的建设与积累。

目前，高校的数字化教学资源按照资源的使用方式、教学作用和基本特性可以大致划分为基础性资源、引导性资源与虚拟仿真平台资源。基础性资源是教学知识体系的基础，包含构成教学基本单元的文本类教学资源、音视频教学资源、教学系列动画资源等。生产实践环节所涉及的知识内容不仅仅是单独的基础性资源，更多的是基础性资源的功能组合与流程组合。这类基础性资源的组合应用方法同样是重要的教学内容，是促使学生真正掌握和运用学习内容的引导性资源。虚拟仿真平台通过虚拟仿真技术重现真实应用场景中对基础性资源与引导性资源的操作使用和教学训练。

经过前期积累，各院校已经积累了一批基础性资源、引导性资源和虚拟仿真平台，这些资源需要通过定制化的数据迁移工作，才能部署到教学资源云存储系统中，发挥数字教学资源共建共享平台的作用。

（一）基础性资源迁移

基础性资源主要包括各类教学音视频材料、文本类教学材料及教学系列动画等数字资源。基础性资源需要根据数字资源的具体类型和使用方式进行定制化数据迁移。

1. 教学音视频材料

教学音视频材料是各个科目中最常见的资源类型，也是最容易制作的数字资源。现有音视频资源一般按照目录结构进行存储管理，部分音视频资源使用数据库服务进行管理，并通过 Web 服务供学生使用。各高校及各专业学科的管理方式差异较大，既有已经实现统一集中存储的管理方式，又有松散的自由管理方式。

针对音视频资源，需要围绕课程学习将核心资源汇编成课程资源目录，定制专用的资源播放工具，并集成至教学资源云存储系统中，将核心资源数据、资源目录及资源工具统一发布到云存储系统中，并通过数据匿名化操作实现对音视频核心资源的传播控制，防止资源外泄。

2. 文本类教学材料

文本类教学材料是最直接、最广泛的数字教学资源，一般与其他资源类型配套使用。文本类资源一般体量不大，但数量较多、信息时效性强。这类资源在不同学校之间的差异较大，具有专业优势的学校往往拥有完整全面的文本类教学材料，同时也具备良性的教学素材建设机制，若能在示范院校与普通院校或专业建立资源分享渠道，将会促进教育公平的发展。

针对文本类资源，需要充分学习、借鉴示范院校优势学科的管理组织方式，按照专业进行资源社区的划分，并利用社区共享存储实现资源的定向分享。数据迁移需要结合课程教学管理实际，设计课程教学的社区结构，划分社区管理职责，按照社区进行资源分类与部署。

3. 教学系列动画资源

教学系列动画资源是为学生展示实际操作流程、方法、技巧的常用教学材料。这类资源教学价值高、教学效果好，一般整合在基于网站的在线教学系统中，利用页面实现图文并茂的教学效果。

针对教学系列动画资源，可以将基于网站的在线教学系统整体迁移至教学资源云存储系统，利用公共存储空间搭建统一的教学系统框架，并对网站内容进行重新梳理。针对不同课程，课程页面包含的课件资源分别指向云存储系统的课程社区目标资源地址，实现课程介绍的公共浏览与课程资源的定向发布。

（二）引导性资源迁移

引导性资源注重教学知识的系统性与整体性，是对基础性资源的合理组织与配套应用。针对引导性资源的数据迁移工作，首先需要将构成引导性资源的基础性资源迁移至云平台，并对基础性资源依据引导性教学内容进行分类与组合，重新完成资源梳理。其次，按照专业和教学知识点形成引导性资源的元数据信息，根据元数据信息设计基础性资源聚集体，以资源目录形式和资源软件系统形式进行打包，形成引导性资源包，部署到云平台中并进行数据保护配置。

（三）虚拟仿真平台迁移

虚拟仿真平台主要包括各类实训模拟仿真系统，如机械加工实训仿真系统、焊接实训系统、服装设计实训系统等。实训仿真系统一般以整套软件的形式供学生学习使用，具体由可执行程序与嵌入式教学资源组成。

在过去的教学模式中，这类资源需要在电教室进行单机部署，当资源更新或调整时，需要较高的管理维护成本。在基于云平台的教育管理平台系统中，将资源一次性迁移到云平台中，能够有效降低后期管理维护成本，使得实训仿真系统的部署更为便利。

针对仿真系统，数据迁移包括可执行程序的移植与教学资源的迁移。仿真系统的可执行程序在移植过程中需要整理依赖库、依赖配置项，并需要完成多平台适配测试，通过程序打包实现仿真系统软件的免安装绿色发布；仿真平台配套教学资源的迁移需要云存储配合，完成虚拟仿真平台教学资源的统一分类部署与数据保护配置。

第三节　高校数字教学资源共建共享平台的典型应用

数字教学资源共建共享平台是教学资源综合服务管理的中心，平台应提供管理者视窗、教学资源库、专业应用、教师社区与学生社区、服务成果等管理和服务项目，具体包括以下主要内容。

一、管理者视窗

管理者视窗是将现代化办公和计算机网络功能结合起来的一种新型办公方式，目的是提高效率。日常工作的所有内容都可以归入平台处理的范畴，如文字处理、文件誊写、传真、申请审批、办公用品申领、公文管理、会议管理、资料管理、学生管理、教师管理、资源管理等。它是处理平台管理的事务性工作、辅助管理、提高办公效率和管理手段的系统。

管理者视窗能够以管理者的角度，实现真正的管理理念。在管理者的有效授权下，管理者可以随时、随地调取综合数字教学资源共建共享平台中的一切信息，如信息平台中的参与院校数量、教师与学生的教与学情况、考试结果、课件上传及下载数量等。

二、教学资源库

教学资源库突破了学校水平、教材、教师能力的限制，提高了教学效率，促进了公平教育。教学资源库平台应具备跨地区提供的能力，使各院校共享教育成果，并能够提供统计、管理等功能的个性化和智能化服务。

三、专业应用

通过调研论证，分析确定课程的总体目标，根据项目教学过程构建课程内容，整合理论与实践知识，加强学生工作方案的制定、工艺路线的确定、安全正确的操作、工作效果的评估等工作环节的训练，完成与之相关的电子教案、教学课件、实训讲义、试题库、优秀课视频等信息化资源的建设。

四、教师社区与学生社区

教师社区是实现教师与主管部门、教师与教师、教师与学生之间沟通的重要手段之一，同时提供实时进行文字、语音、视频等的交流功能。

学生社区是提供给教师与学生进行沟通及交流的重要手段之一。该社区实现了学生将作业及相关实践的文字及音视频资料与教师进行实时交互，并为学生与学生之间的信息交互提供了方便有效的沟通平台。

五、服务成果

构建学校、师生、行业多方共同参与的以能力为核心的统计分析计算模式。对教学资源库建设与应用进行数据统计，对教师的网络教学和学生网络学习与掌握技能的情况进行考核，促进学校课程考试与职业资格鉴定的衔接统一，提高学生综合职业能力和素养，引导学生全面发展。

第七章

高校特色专业教学资源库的建设与应用

第一节 高校特色专业教学资源库的内涵与功能

一、高校特色专业教学资源库的内涵

（一）高校特色专业

进行特色专业建设，是高校在高等教育大众化新形势下得以生存和发展的重要战略手段。特色专业是指教育教学整体水平和人才培养质量较高，在办学思想、专业建设、教学改革、人才培养模式、人才培养质量等方面具有显著特色和较高社会声誉的专业。特色专业建设是进一步优化高校专业设置，提升专业建设的整体水平，提高人才培养的质量、效益和人才竞争力的重要手段，建设特色专业必须先确立自己的特色，并且不断加以完善和升华。特色专业建设目标包括教学、科研和社会服务三个方面。

（二）建设高校特色教学资源库的意义

特色专业建设是一项复杂的系统工程，是高校得以可持续发展的根本。高校应立足于自身特色，坚持科学的特色专业建设原则和方针，理性地创建和形成自己的专业特色，这样不仅可以充分凸显特色专业的基本内涵，有效地实现特色专业建设的目标要求和重要意义，而且能够显示学校的办学特色，提升学校的办学实力，进而促进高校多样化、个性化和特色化的发展，使学校在竞争中立于不败之地。

教学资源库建设为高校特色专业建设提供物质基础，保障高校特色专业课程和教学活动有效的开展，突破传统教育的时空限制，实现教师备课的信息化、课堂教学的多样化、学生学习的个性化、实验教学的仿真化，以及复习考试的无纸化。只有加快网络教学资源建设，加强资源共享，才能有效支持特色专业建设目标的达成和培养方案的实施。

二、高校特色专业教学资源库的功能

（一）高校特色专业资源库建设目标

教育部发布的《教育信息化十年发展规划（2011—2020 年）》指出，要大力推进普通高校数字校园建设，普及建设高速校园网络及各种数字化教学装备，建设职业教育虚拟仿真实训基地，建设完善的信息发布、网络教学、知识共享、管理服务和校园文化生活服务等数字化平台，推进系统整合与数据共享，持续推进并优化高校精品开放课程建设，促进科研成果转化为优质数字教育资源，实现科研与教学的互动和对接，积极开展基于项目的学习，推动教学内容和教学方法的改革，促进人才培养模式的创新。

特色专业是高校在一定的办学思想指导下，在长期的办学实践中逐步形成的具有特色的专业，是一种高标准、高水平、高质量的专业，是"人无我有，人有我优，人优我新"的专业。特色专业建设旨在根据国家经济、科技、社会发展对高素质人才的需求，引导不同层次、类型的高校根据自己的办学定位，确定自己的个性化发展目标，发挥已有的专业优势，办出自己的专业特色，提升专业建设的整体水平，提高人才培养的质量。

具体来说，高校特色专业教学资源库的建设，应在科学规划、严密组织、统一标准的基础上，围绕特色教育资源库专题建设、特色资源网建设、特色教育资源技术标准规范与共享应用模式等主要建设内容，使各种资源优化配置，共同为教育、教学、科研、社会服务。

（二）高校特色专业资源库功能

从用户的角度来看，高校特色专业资源库具有以下功能。

（1）具备完善的库类别，包括信息文献库、多媒体素材库、多媒体课件库、专业网络课程库、试题资源库等。用户可自己维护自定义资源库的类别。

（2）资源的共建共享。使用者可以随时随地通过网络访问、上传、下载、存放和使用库中资源。

（3）Web 集成。基于 WEB 的应用模式，使教学资源的制作与管理、信息发布、教学交流、资源共享与交流都能在网上进行。

（4）资源检索。为使用者提供资源库中资源的多种检索功能，如课程导航、资源库导航、专业专题导航等，方便学习者使用。

（5）网上交流。提供 BBS 服务、教育论坛、电子邮件服务系统，为网络教学实现在线或离线的网上交流、辅导。

从高校专业教学的角度来看，高校特色专业资源库可以采取以下措施：第一，支持学生专业学习，为学生提供专业学习所需的各种基本和拓展学习资源；第二，支持自主学习，保障创新人才培养，提供完善的讲授型网络课程库、多媒体课件库、素材和案例库、专家答疑辅导系统，使用者可以自主完成专业课程学习；第三，支持教师提高专业教学水平，辅助教师专业成长。

（三）高校特色资源库的构成

教学资源建设可以有四个层次的含义：一是素材类教学资源建设，包括题库、素材库、课件库和案例库；二是网络课程库建设；三是教育资源管理系统的开发；四是通用远程教学系统支持平台的开发。在这四个层次中，网络课程库和素材类教学资源建设是重点和核心。

基于教育资源建设的基本框架，各高校可根据本校条件使用多种具体分类方法，如广东海洋大学学科资源库建设根据不同的资源类型建立了教材库、素材库、视频库、习题库、案例库、试题库、网址资源库和个性收藏群。根据资源在专业教学中的用途，还可将其分为专业教学资源库、活动专题资源库、专题学习资源库等。

本书根据其内容，将高校特色专业资源库分为信息文献库、多媒体素材库、多媒体课件库、专业网络课程库、试题资源库。

第二节　高校特色专业教学资源库的设计

一、高校特色专业教学资源库的建设要求

高校特色专业教学资源库是充分利用网络资源优势，以专业教学内容为主建立的大容量、开放式、交互性强且适应网络发展的信息化教学服务系统。资源库建设的重点主要在于教育教学资源的开发、收集、整理和入库等大量工作，是为教育教学服务的重要手段，在进行资源库建设时，要与企业专家一起建立比较顺畅的资源收集渠道和开发整理基地，做到建设内容充实、形式多样、与生产实际紧密结合。

（一）具有优良的人机交互特性

高校特色专业教学资源库应该具有优良的人机交互特性。这一人机交互特性不仅仅表现在界面美观、控件布局合理、人机对话友善、导航设置合理上，更重要的是能够便于用户对资源和数据的查询，在用户的检索过程中，能够实现对资源和数据的多层次精确检索。

（二）强调功能的智能化

高校特色专业教学资源库应该强调功能的智能化。由于资源库本身随着建设的深入，数据和应用会越来越复杂而庞大，因此需要依托智能化的功能来优化资源库的应用，这一智能化不仅包括普遍认识到的自动组卷、自动阅卷等功能，更多的还表现在对资源建设状况、学生学习状况、教师教学状况、资源使用状况、校际共享状况，以及系统应用状况的智能化统计、分析与表达上，从而帮助学校相关主管部门实现对整个平台应用的实时监控，提升整个平台的运营管理水平。

（三）与专业课程教学紧密相关

高校特色专业教学资源库要能够成为数字化展示和推广专业优质教学成

果的新型高效网络教学资源平台，能够促进学生主动式、协作式、研究性、自主性学习。教学资源库的内容应该与专业课程教学紧密相关，防止内容庞杂凌乱，以及缺乏兼容性和系统性，不能重数量、轻质量，要能满足专业课程的理论教学、实践教学、实验教学等教学要求，能够让学生进行远程的课程学习和辅导，同时也要兼顾学生可持续学习能力的培养。

二、高校特色专业教学资源库的技术架构

因特网上的教育教学资源遍及全球，异常丰富，但面对来自传统资源的数字化处理、不同厂商的不同结构资源库、因特网上教育门户网站、网校、学科资源站点及数字图书馆等资源相对集中、结构各异、分散存储的教育教学资源，需要进行科学的组织管理，才能优化基于网络的教育教学资源服务。

根据充分利用、高度共享的网络教学资源原则，教学资源库系统设计的最终目标是安全稳定、可广泛共享、方便易用。

（一）基于 Web Service 的网络架构

Web 服务是独立并可自我描述的应用程序组件，用以支持网络间不同机器的互动操作。Web Services 使用开放协议进行通信，可以将应用程序转换为网络应用程序，通过使用 Web Services 将应用程序向全世界发布信息或提供某项功能。同时，Web Services 可以被其他应用程序使用，为整个企业甚至多个组织之间的业务流程的集成提供了一个通用机制。

基础的 Web Services 平台是 XML+HTTP。其中 HTTP 协议是最常用的因特网协议。而 XML 提供了一种可用于不同的平台和编程语言之间的语言。可扩展的标记语言 XML 是 Web Service 平台中表示数据的基本格式。除了易于建立和易于分析外，XML 主要的优点在于它既与平台无关，又与厂商无关。

Web Services 平台的元素包括 SOAP、WSDL 和 UDDI。SOAP 指简易对象访问协议，是一种通信协议，用于应用程序之间的通信，SOAP 基于 XML，简单并可扩展，将作为 W3C 标准来发展；WSDL 是基于 XML 的用

于描述 Web Services 及如何访问 Web Services 的语言，WSDL 使用 XML 编写，是一种 XML 文档；UDDI 全称是 universal description discovery and integration，指通用描述、发现与集成，是一种目录服务，通过它，企业可注册并搜索 Web Services。

Web Services 主要有两种类型的应用：一是提供可重复使用的应用程序组件，Web Services 可以把应用程序组件作为服务来提供；二是连接现有的软件，通过为不同的应用程序提供一种链接其数据的途径，解决协同工作的问题。

（二）基于开源代码 Spring+Hibernate+Flex 的开放架构

Spring 也是一个开源框架，是为了解决企业应用程序开发复杂性由罗德·约翰逊（Rod Johnson）创建的。Spring 框架的主要优势之一就是其分层架构。该分层架构可以为 J2EE 应用程序开发提供集成的框架，同时提供丰富的类库，可以降低开发者的难度，节省代码量。Spring 使用基本的 JavaBean 来完成以前只可能由 EJB（enterprise JavaBean）完成的事情，Spring 本身也是一个容器，只是相对 EJB 容器所要付出的代价而言，Spring 属于轻量级容器，它能够替代 EJB，通过使用 AOP 来提供声明式事务管理，即可通过 Spring 实现基于容器的事务管理。然而，Spring 的用途不仅限于服务器端的开发，从简单性、可测试性和松耦合的角度而言，任何 Java 应用都可以从 Spring 中受益。

Hibernate 是一种实现对象/关系之间映射的开源框架，对 Java 数据库连接（JDBC）进行了轻量级的对象封装，使得程序员可以使用面向对象编程思维来操作关系数据库。它是按照 GNU 宽通用公共许可证（LGPL）发布的开放源代码应用程序，用于 Java 的超高性能的对象/关系持久性和查询服务。

Flex 应用程序与传统的 HTML 应用程序的主要区别在于，Flex 应用程序处理最适合在客户端运行，如字段校验、数据格式、分类、过滤、工具提示、合成视频、行为及效果等。Flex 通过应用程序用户可以迅速反应，在不同状态与显示间流畅过渡，并提供毫无中断的连续的工作流。

采用 Spring+Hibernate+Flex 开源框架整合，可以降低开发者在代码方面的难度。在此框架下，数据库可以采用 MySQL，它为时下流行的开放源代码数据库，就技术层面而言，MySQL 与商业数据库相比并不逊色。

（三）基于 XML-RPC 技术的分布式架构

从物理存储这一角度来看，教育资源的存储方式可以分为两类，即集中式存储和分布式存储。集中式存储即将资源及相关属性信息集中存储到同一个位置，使用同一个服务器，这种存储方式的优点是便于统一管理，存取方式简单，缺点是数据量大时查找效率低下，数据访问集中时响应时间过长，且难以实现无间断服务；而分布式存储则将资源按一定方式进行拆分，存储在不同的资源节点上，并可以在节点间进行冗余备份存储，最大限度地实现无间断查询服务，提高服务质量。

分布式存储的资源服务器可以采用集群技术。集群是一组相互独立的、通过高速网络互联的计算机，它们构成了一个组，并以单一系统的模式加以管理，一个客户与集群相互作用时，集群像是一个独立的服务器，集群技术可以提高计算机性能、降低成本、提高系统的可用性和可扩展性，集群技术对于单个节点的硬件性能要求不高，适合以存储资源、提供查询为主的数据库服务器，搜索引擎及各类资源库较适合采用集群技术。分布式教育资源库可以采用单层结构或多层结构，单层结构的各个资源节点互相平等、独立，查询时可以将查询任务发送到不同节点，如果某一节点查询失败可以转向其他节点，这种结构的优点是查询任务执行过程简单快速，缺点是查询任务的分发没有可靠的参考信息，查询不成功的概率较大。多层结构可以将资源节点进行分级，设置资源中心节点，用来存放物理资源的相关描述信息，执行查询任务时先到资源中心查询相关信息，获得具体的资源存储位置（节点），再到该资源节点查询物理资源，这种结构实现了资源的统一管理。通过建立资源目录中心，兼具分布式存储和集中式存储的优点，能够提供高效的资源检索服务，且更便于实现数据安全。

XML-RPC 的全称是 XML remote procedure call，即 XML 远程过程调用，

它是一套允许运行在不同操作系统、不同环境下的程序实现，以及基于 Internet 过程调用的规范和一系列的实现，使用 HTTP 作为传输协议，XML 则作为传送信息的编码格式。XML-RPC 在目前主流的语言和开发平台都有较为成熟的实现。例如，在 .NET 平台上，XML-RPC 协议的实现称为 XML-RPC.NET，是一个客户端服务器基于 XML-RPC 的远程过程调用的框架；XML-RPC for Delphi 则是一个 Delphi 的基于 XML-RPC 通信的客户端和服务器端的开发包；Apache XML-RPC 是一个 Java 语言对 XML-RPC 协议的实现；C++ 的 XML-RPC 开发包有 Libiqxmlrpc 和 ulxmlrpcpp，Libiqxmlrpc 是 XML-RPC 标准的 C++ 实现，实现了客户端和服务器端的 XML-RPC，支持 HTTP 和 HTTPS，服务器端支持单线程和多线程模式，ulxmlrpcpp 是一个使用面向对象的方式调用 XML-RPC 的 C++ 库，可用来创建多线程的客户端和服务器端的应用，该库不只是针对 HTTP 协议，还支持其他用户自定义协议，PHP 语言的 XML-RPC 协议封装称为 SimpleXMLRPC，而其 XML-RPC 服务器和客户端库称为 Ripcord。这些开发包使开发者在使用不同平台、不同语言进行基于 XML-RPC 的开发时，都能得到很好的支持。

三、高校特色专业教学资源库模块组成

教学资源管理系统主要分为系统管理模块、资源管理模块和分类资源库子库三个部分。

（一）系统管理模块

系统管理模块包括网络配置管理、网络故障管理、网络性能管理、网络安全管理、计费管理、统计与分析、用户管理等。

1.网络配置管理

其主要对网络配置数据库或文件进行动态维护，以实现系统的可扩展性，资源库系统通常包括多个分布的资源中心，需要对每个资源中心的物理信息进行实时登记和维护。

2. 网络故障管理

为了使资源库能够提供优质的连续服务，则需要保证系统服务的不中断，网络故障管理主要收集系统遇到的网络故障信息，作为故障分析和恢复的参考，也为故障的避免提供有效的数据。

3. 网络性能管理

为提升系统性能，提高资源库系统的可用性，性能管理部分主要收集网络性能相关数据，进行历史数据对比、统计分析，挖掘影响网络性能的因素，作为优化系统网络结构及配置的参考依据。

4. 网络安全管理

为了保障资源库的数据安全，防止遭到人为或意外的破坏，需要做到全面的网络安全管理，包括：①责任集中。资源库的使用应该由专人进行统一管理，对资源库的操作进行分级、分权限管理，为不同级别的用户进行角色分配和权限设置，一般角色级别可分为系统管理员、系统审核员（具有资源审核权限的领导或教师）、普通教师、学生等。②数据备份。为防止数据丢失，资源库系统必须具有数据备份功能。分布式资源库在构建时即可通过设置各节点互相冗余存储的方式进行冗余备份，在资源库运行期间，可以采用磁盘阵列、光盘等存储介质进行备份。

5. 计费管理

对于有偿使用的部分资源向不同权限的用户进行计费，通常计费方式可以采用积分方式，用户可以通过上传资源、评价资源来获取积分，也可以通过在线付费来购买积分。

6. 统计与分析

为了掌握资源库的使用情况，可以跟踪用户行为，统计用户对不同资源的操作，一方面，可以分析特定用户对不同资源的操作行为，得出该用户的兴趣所在；另一方面，可以分析不同用户对某特定资源的操作行为，得出该资源的使用频率及使用质量。

7. 用户管理

此模块主要用于登记和管理用户的基本信息及访问记录，以此为统计分析模块提供数据来源。

（二）资源管理模块

资源管理模块主要是向教师及学生用户提供的功能模块，以及按照素材分类的资源库子库，基本功能包括资源审核、资源发布和资源检索。

1. 资源审核

教师向资源库提交资源后，由负责审核的领导或教师进行审核，审核通过的资源才能进入资源库，管理员可以利用有关工具将审核通过的资源进行快速批量上传。

2. 资源发布

具有权限的用户（教师或学生）都可以进行资源发布，但是所发布的资源会提交至待审核数据库以备审核，发布资源可以根据资源的质量获得积分奖励。

3. 资源检索

学生或教师可以自定查询条件查询资源库中的资源，在权限允许的情况下可以下载相关资源。部分有偿使用的资源则需要扣除一定积分。

（三）分类资源库子库

良好的分类机制能高效地实现对教育资源的组织管理与使用。专业教育资源库以常用资源为对象，将资源库内容分为五个子库来建设。

1. 信息文献库

信息文献库用来存储专业文献信息、参考资料等。

2. 多媒体素材库

多媒体素材库用来存储专业教学过程中使用的各类素材。素材是各类多媒体课件的基础元件，多媒体素材库将不同形式的素材以零件的形式分类整理存放，以提高复用率及可获得性。

3. 多媒体课件库

多媒体课件库是以多媒体素材为基础，以服务教学为目的的软件。相对于多媒体素材库，它具有更好的集成性，可以为某一教学过程直接独立使用。

4. 网络课程库

网络课程库是包容性最强的教育资源，除了依托一些大型网络平台的网络课程系统外，各个高校还有些教师自行发布或者内部发布的网络课程，网络课程库的建设旨在实现对网络课程的有效组织和管理，提高其利用率。

5. 试题资源库

试题资源库即按照一定的教育测量理论，在计算机系统中实现的某个学科题目的集合，建立网络试题资源库，利用计算机对学生考试进行管理，具有手工管理所无法比拟的优点，如检索迅速、查询方便、可靠性高、存储量大、保密性好、寿命长、成本低等，使考试管理更加科学化、正规化。

第三节　高校特色专业教学资源库的应用

一、高校特色专业信息文献库的建设

高校特色专业信息文献库要求收录和整理与特色专业相关的各类文献信息资源，包括图书、报刊、专利、论文、政策、法规、条例、规章制度、专业重大事件、专业前沿进展、专业学术活动、专业网络导航等重要内容，为高校特色专业的教学和科研提供参考。

（一）信息文献库的特性

1. 规范性

高校特色专业信息文献库需要按要求提供标题、关键词、专业、学科、课程、作者、日期、来源、描述等参数。

2. 权威性

高校特色专业信息文献库中的文献来源需要通过国家相关机构的审核，重要文献由国家正规出版机构出版发行。

3. 科学性

高校特色专业信息文献库中的文献资源在正确性、准确性和目的性上需要符合科学性。

4. 实用性

高校特色专业信息文献库中的文献资源需对专业教学有较大的实用价值。

（二）信息文献库的建设内容

1. 图书

具体收录与专业相关的图书信息，包括教材、工具书、会议文献、研究报告、教学参考书等。需要对图书的封面图片、书名、作者、ISBN 号、出版社、出版日期、图书价格、主题词、内容介绍和资源获取信息等字段进行描述。

2. 报刊

具体收录专业相关的国内外报纸、期刊的出版信息，需要对封面图片、报刊名、报刊号、发行单位、出版周期、报刊介绍、报刊网址、获取信息等字段进行描述。

3. 多媒体出版物

具体收录专业相关的多媒体出版物（如多媒体课件、多媒体教学软件等）的出版信息，需要对封面图片、题名、作者、出版社、出版日期、价格、内容介绍、关键词、获取信息等字段进行描述。

4. 专利与成果

具体收录专业相关的专利与成果信息，需要对专利名称、申请（专利）号、发明人、申请人、发布日期、摘要、国家知识产权局网站上的专利说明书全文网址等字段进行描述。

5. 技术标准

收录已颁布的与专业相关的 ISO 标准、国家标准、行业标准和地方标准，以及世界主要国家和国际组织颁布的重要专业技术标准，需提供全文，并对标准名称、标准号、起草单位、发布单位、实施日期、替代标准等字段进行描述。

6. 专业论文

具体收录在各学术期刊、论文集、学位论文数据库中收录的对教学科研有相当参考价值的专业论文信息，需要对论文题名、作者、作者单位、关键词、摘要、资源获取信息等字段进行描述。

7. 法律法规

收录专业相关法律法规，需提供全文，并对法律法规名称、颁布单位、生效日期等字段进行描述。

8. 前沿进展

具体收录在期刊、报纸、专业网站上发布的相关专业的前沿进展信息，需要对标题、关键词、发布日期、信息来源、正文等字段进行描述。

9. 学术活动

具体收录在期刊、报纸、专业网站上发布的相关专业的学术会议、展览、比赛等信息，需要对标题、关键词、发布日期、信息来源、正文等字段进行描述。

10. 网络导航

具体收录专业相关的网站信息，需要对网站名称、网站地址、创建者、关键词、网站介绍等字段进行描述。高校特色专业信息文献库应该强调功能的智能化，由于资源库本身随着建设的深入，数据和应用会越来越复杂庞大，因此需要依托智能化的功能来优化资源库的应用。这一智能化，不仅包括普遍认识的自动组卷、自动阅卷等功能，还表现在对资源建设状况、学生学习状况、教师教学状况、资源使用状况、校际共享状况、系统应用状况的智能化统计和分析与表达上，从而帮助学校相关主管部门实现对整个平台应用的实时监控，提升整个平台的运营管理水平。

（三）信息文献库的建设方法

高校特色专业信息文献库的建设方法主要是由对应的图书馆专业服务馆员配合各专业进行内容建设。

（四）信息文献库的技术要求

高校特色专业信息文献库中的汉字采用国家标准代码统一编码和存储，英文字母和符号使用 ASCII 编码和存储。

高校特色专业信息文献库中提供的封面图片要求是 JPEG 格式，提供全文的文献信息资料应是 PDF 或 Word 文档。

高校特色专业信息文献库中不同类型的文献资料，允许一些独有的属性，这些独有的属性可以由文献采集者自行确定。

二、高校特色专业多媒体素材库的建设

（一）多媒体素材库概述与分类

媒体素材，是指传播教学信息的基本材料单元，按文件类型分类，素材可分为五大类，即文本类素材、图形（图像）类素材、音频类素材、视频类素材和动画类素材；按功能分类，素材可分为名词概念类素材，符号类素材，原理、定理和定律类素材，表达式类素材，实验类素材，人名类素材，知识点素材，背景资料类素材，说明类素材，历史资料类素材，研究成果类素材，题库类素材，答疑资料类素材或其他素材。

（二）多媒体素材库的建设原则与建设标准

1. 建设原则

第一，素材库中的图表、图像、音频、动画、视频，要采用先进、高效、符合国际标准的压缩技术进行压缩，以满足存储和网络传输要求。

第二，素材库中的素材应说明素材的类别、学科（专业）、适用对象等信息。

第三，素材库内容禁止宣传封建迷信、低级庸俗和反动内容，应有合法的知识产权。

2. 建设标准

文本类素材中汉字采用国家标准代码统一编码和存储，英文字母和符号

使用 ASCII 编码和存储。

由于在 Internet 上通用的格式基本是 GIF 和 JPEG 格式，所有图形 / 图像都要有这两种格式的任何一种格式，彩色图像的颜色数不低于 8 位，灰度图像的灰度级不低于 128 级，图形可以为单色，扫描图像的扫描分辨率不低于 150 dpi。

数字化音频的采样频率不低于 11 kHz，量化位数至少为 8 位，声道数建议为双声道。

音频数据存储的主要格式有 WAV、MP3、MIDI 和流式音频格式。数字化音频以 WAV 格式为主，用于欣赏的音乐使用 MP3 格式，采用 MIDI 设备录制音乐时用 MIDI 式，而用于实时交互的音频使用流式音频格式。

值得注意的是，很多媒体制作人员往往没有注意到音频的重要性，从实际使用经验来看，有大量的专业视频并未起到教学效果，极其关键的一个原因就是其中的音频部分很难让观众听清，或者是嘈杂，或者是音量过低，或者是不同步，这是媒体拍摄、制作人员需要特别注意的。

视频类素材格式相当多，根据近几年经验来看，如果用于 DVD 发行，默认情况下则在 Premiere 软件输出视频时选择保存为 MPEG-2 标准默认分辨率。MPG 文件即可满足相应清晰度的要求，也就是 PAL 720 × 576。码率在 2.5 ～ 6 Mbps，如果输出结果体积超出单张光盘容量的话，可以将目标码率降低一些，如果是从节省本地硬盘存储空间的角度出发，还可以更加降低分辨率，保存为 .wmv 文件，如果是网络传播，则可以用 .wmv 或者 .flv 文件格式。分辨率则需要根据带宽和视频需求来定，如果是简单的视频头像会议、直播答疑，那 320 × 240 分辨率足够了，但有些网络教学视频，由于拍摄的是课堂实录，范围较大，但被工作人员将视频压缩得分辨率过低，结果就导致观众很难看清楚。

（三）多媒体素材库的建设与应用

文本类素材的来源有学位论文、学术成果介绍、专业期刊、政策法规、人物说明、历史资料、优秀教师教案、教材文本等以文字为媒介的参考资料。

图形（图像）来源主要是专业光盘、图形图像素材光盘、网络上图像素材类站点、专业网站等。主要类型有学科符号类、学科仪器类、风景类、人物类、植物类、动物类、建筑类、电器类、计算机类、交通类、标志类、广告类、微生物类、农作物类等。

音频、动画类素材数量较少，来源也有限，视频类素材的来源，往往可以通过近年来的视频网站、免费或收费的教学网站、精品课程、国外公开课、演讲等方式获得。

三、高校特色专业多媒体课件库的建设

（一）多媒体课件的概述与分类

课件是对一个或几个知识点实施相对完整教学的辅助教学软件。根据运行平台划分，可分为网络版的课件和单机运行的课件，网络版的课件要能在标准浏览器中运行，单机运行的课件可通过网络下载、光盘执行等方式运行。

很多学者将课件分类为辅教、辅学、教学参考、课外扩展等类型，或分类为教学、演示、游戏、练习等类型。

（二）素材、课件的获取途径

除了大家早已熟知的传统资源获取方式外，在网络时代，较为常见的素材、课件的获取途径有：第一，中国学术期刊网、百度、豆丁网、360doc等各类文库；第二，各种如地理、法律的专业数据库；第三，专业的博客、论坛，里面会有不少有用的资源和指引；第四，综合教育网站，如教育部、人民教育出版社、101网校远程教育网等站点；第五，专业学科教学网站，如语文、数学、艺术，以及中小学信息技术教育网等网址；第六，各类学校、国内国外的大学网站、精品课程、公开课站点。

大而全的资源库固然好，但如果不顾实际去追求，费时费力又容易重复建设，对于现有的国家与省级精品课程库、资源库应给予整合，不必重新建立一个庞然大物，而是用通用的各种搜索引擎可以直接检索、访问各个站点，

哪怕就是一个普通的学校，也可以发挥自己特色专业的优势，建设专题素材库、课件库，如自然地理素材库、动画素材库等。只有提高素材的质量，注重实用性，才能建设精品资源库。比如，采取复合元搜索引擎形式，用户可以获得各大重点网络资源搜索结果的汇总，这样各大网站也可以避免重建，还可以各地与各级别、专业型与通用型多头并进，同时开展资源建设，但是需要统一数据库格式、文件格式、存储标准等技术细节标准，以便对接。

下面简要介绍搜索引擎的相关类型。

1. 字符、文本类

文本的查询结果与统计结果与其在素材库中的位置有关，统计出查找到的个数，并标识出每一个素材在素材库中的位置，用反视、闪烁等效果说明。除了大家早已耳熟能详的谷歌、百度、雅虎等商业站点，国内高校近年来也已经建立了不少文字型的各类搜索引擎。

2. 图像

对图像的查询结果有两种情况：确定性结果和相似性结果。对于确定性结果来说，只要将图像放到合适的位置上显示即可，如果查找图像数量多，列出图像文件名，供用户挑选显示；对于相似性结果来说，需要按相似的程度排列，用文件形式显示在屏幕上，国内外各大高校早已有过图像类、视频类搜索引擎的实验研究工作，百度也已经有了成熟的版本，可以以本地或者网络上的某张图片为参考，搜索出类似的照片。

3. 声音

查询的结果采用文件名，只要用户点中就可以播放，如同百度音乐盒一样。

4. 视频

在搜索视频返回搜索结果时候，应为列表、缩略图形式，这个大家早已熟悉。还应该争取做到对于每个检索结果，列表上先调出第一帧静止在画面上，一旦用户鼠标移上去，就开始播放定时截屏的循环画面预览，以供用户了解。

四、高校特色专业网络课程库建设

（一）网络课程库概述

网络课程库是以网络课程为基本单元并且运用相关技术支持网络课程的使用和课程资源管理的网络资源平台。目前，从国家到地方都建设了不同规模、不同层次的网络课程库，如国家精品课程资源网、国家数字化学习资源中心、中国高等学校教学资源网。

（二）网络课程库的功能

1.展现课程结构

专业建设离不开课程的支撑，网络课程库作为专业的课程管理平台，可以以某种方式呈现专业课程结构体系。现代学习理论认为，对整体活动有一个清晰的概念模型，有助于学习者清楚他们正在学习的子任务的意义，从而提高他们自我监控和自我修正的能力。学习者在利用网络课程库进行专业学习时，可以对专业目标、培养方案和能力标准有一个总体的认识，了解专业所包含的课程，包括课程目标和主要内容，以及各课程目标和内容之间的相互关系。总之，可以让学习者了解每一门课程的学习对促进专业能力发展的意义是什么，这样就能形成对专业的清晰的概念模型。

2.规范课程建设

课程建设是高校特色专业建设的重要内容。学校的教学活动最终要落实到每一门课程的教学上，课程教学是学校各专业教学活动的基础，因此课程建设十分重要。专业课程教学质量的好坏、专业人才素质的高低都直接依赖每门课程的建设水平，课程建设的重要性不言而喻，规范课程建设对促进特色专业的建设是必要的举措。网络课程库对其中的课程在内容和形式上都有统一的规范，以目前国内比较著名的国家精品课程资源网为例，其每门课程都具有课程介绍、教学大纲、教学日历、教案或演示文稿、重点难点指导、作业、参考资料目录和课程全程教学录像等内容，并且每一项内容都有具体的格式与技术要求，这样不仅保证了课程的有效开发与普及共享，而且促进了每一门课程的规范建设，确保了课程的质量。

3. 积累学习资源

学习资源是教与学活动的重要支持，对于高校特色专业建设来说也是必不可少的。网络课程库在进行课程建设的同时也积累了大量与课程相关的学习资源，学习资源除包括课程教学所必需的资源，如教学大纲、教案/演示文稿、课堂教学录像等以外，还包括一些辅助性资源，如素材、视频、案例、试题、作业系统、测试系统等，这些学习资源不断完善着课程建设，为学习者的专业学习提供有效的支持。

（三）网络课程库的建设

1. 原则要求

（1）以学习者为中心

学习者是网络课程库的使用者，建设网络课程库不是为了便于教，而是为了便于学习、支持学习、促进学习。网络课程库要呈现特定的教学信息，这是专业学习所必需的，但它不应是堆放教学信息的场所，而应成为利用包括多媒体和网络在内的信息技术开展教学活动、促进学生学习的平台。在网络课程库中，应提供较全面的课程索引信息和丰富的资源检索手段，便于查找课程和相关资源。

（2）要注重整体设计

建设专业网络课程库不是建设单一的网络课程，应以专业人才培养的总体目标为依据，在进行各网络课程建设时注意各课程内容之间的衔接与整合。具体应做到：在网络课程库中以明确的方式呈现专业的课程结构体系；避免课程之间教学内容的简单重复；提示学习者课程学习的先后顺序；在后修课程中设计涉及前修课程内容的综合性任务；等等。

（3）要体现网络学习的特点

网络课程库主要是以网络技术为支撑的，应体现出网络学习的特点。从学习内容上来看，首先，网络课程库中的学习资源应是多媒化的，视听感受丰富，利用多媒体/超媒体技术，结构化、动态化、形象化地展示教学内容；

其次，学习资源应是情境性的，在设计教学活动时注意情境创设，强调情境在学习中的重要作用。从学习方式上来看，首先，在网络课程库中的学习是自主性的，学习者可根据自己的学习需要、学习特点和学习状况，自主选择相应的学习内容和学习资源类型，自定步调、自我监控地进行学习；其次，学习应更具有交互性、协作性，通过异步或同步方式为学习者提供彼此或与教师交流、探讨、协作的机会，从而深化对问题的认识、对知识的理解，促进认知发展。此外，从评价角度来看，应充分开展自我评价和他人评价、过程性评价和终结评性价相结合的多元评价方式。

2. 内容构成

网络课程库的主要内容由两部分组成：网络课程和学习资源。

网络课程是网络课程库的基本内容，也是最重要的内容，它是通过网络表现的某门学科的教学内容及实施的教学活动的总和，包括两个组成部分：依据一定的教学目标、教学策略组织起来的教学内容和网络教学支撑环境。网络课程的教学内容应以知识点或教学单元为依据，采用模块化的组织方法，每一个教学单元都必须包括学习目标、课时安排、教案、习题、参考资料等必需的学习内容。教学活动是网络课程的核心，因此网络课程需要具备一定的教学环境来支撑教学活动的开展。基本教学环境包括与网络课程学习直接有关的练习题、答疑系统、课程学习讨论系统和作业提交与管理系统，学习者在其中完成相应的练习、答疑、讨论、探究等学习活动。此外，从呈现方式来看，网络课程库中的网络课程要分类呈现，如按学科种类分类，对于专业课程库来说，可按照专业基础课、专业主干课和专业选修课/高级课来分类。

学习资源是网络课程库的重要内容。上面提到的网络课程本身也是学习资源，它所包含的内容是反映课程教学思想、教学内容、教学方法、教学过程的核心资源，是网络课程库的基本资源。网络课程库中另一个重要的学习资源是与课程相关的，反映课程特点，应用于各教学与学习环节，支持课程教学和学习过程的，较为成熟的多样性、交互性辅助资源。以国家精品课程资源网为例，其中除了按学科分类的众多课程外，还有大量的辅助资源，包括素材、多媒体课件、视频、案例、试题等。专业网络课程库在完善课程必备教学内容的同时，应拓展更多反映专业特色和课程特点的学习资源，使学习内容和方式更具多样性，促进专业素质的培养。

3. 运行管理

网络课程库集中了众多的网络课程和学习资源，必须进行有效的管理才能保证其正常运行，支持教学活动的开展。网络课程库的管理包括两个方面。

（1）内容管理

网络课程库的内容管理包括：确保内容的科学性、系统性和先进性；课程内容和学习资源需按照指定的方式来组织，并符合一定的格式和技术要求；保证内容的安全性和可靠性；提供有效的检索和在线运行功能。

（2）传输管理

网络课程库的传输管理包括：支持多媒体上传和下载功能；保证多媒体传输的安全性、稳定性和保密性；集成现有各种成熟技术和产品保证传输的及时性和可靠性。

五、高校专业试题资源库的建设

随着计算机技术的不断发展，校园网走入了高校，高校试题资源库建设成为当今高校考试方式的一种潮流。

试题资源库通过教考分离，使考试更加公平公正，能够更加准确地检查学生学习的效果；试题资源库建立于校园网络系统中，为教师与学生的交流提供了平台；试题资源库改变了原有的出题方式，将教师从繁重的出题工作中解放出来，让相关教师有更多的时间参与到教学建设中。

因此，建立网络试题资源库，利用计算机对学生考试进行管理，具有手工管理无法比拟的优点，如检索迅速、查询方便、可靠性高、存储量大、保密性好、寿命长、成本低等，这些优点能够极大提高学生档案管理的效率，也使考试朝着科学化、正规化管理的方向迈进。

（一）试题资源库的概念

试题资源库是按照一定的教育测量理论，在计算机系统中实现的某个学科题目的集合，是在数学模型基础上建立起来的教育测量工具，所有学科的网络试题资源库，都应遵循经典测量理论的指导，要严格按照经典测量理论的数学模型开发题库管理系统，组织试题。

（二）试题组织

试题资源库的命题人员应该是本科目的专职人员，应该了解本科目所使用的教材，应该掌握一定的考试理论和方法，并拟定出考试大纲，考试大纲的基本内容包括考试的目的和性质，考试的内容和范围，考试的方法、形式和样题，等等。考题题型要新颖，考点要明确，答案要清晰，分值要准确。

试题的组织与编写必须以学科的知识点结构为依据，建设题库之前，必须先确定学科的知识点结构，在按学科知识点结构组织试题时，还需注意学科知识点结构的区别。例如，语文、英语等学科，整个学科知识点之间逻辑性不强，每一个教学单元都包括很多的知识点；而物理、数学等学科则不同，知识点之间具有严密的逻辑性，而且一个知识点往往代表某章或某节的内容，不会被包含在其他章节之中，在组织试题时，尤其是在设计题库管理系统时，要充分考虑并适应这种学科知识点结构的区别。

（三）试题的分布结构

试题数量要足够多，在各指标属性区间内均衡分布，核心属性有知识点、难度与认知分类，以这三个属性为核心，形成三维立体交叉网络，网络上的每个交叉节点上都有合理的试题量，在保证这个核心结构的基础上，还应注意试题在题型和区分度上的合理分布，要处于基本的均衡状态。

试题资源库的建立必须在收集和编审高质量的大量实体的基础上进行，通常一个科目的试题数量应有四五千道题，试题必须经过广泛征题，可由专门命题人员广泛征用试题，命题的重点应是相关基本概念、基本原理和基本方法（简称"三基"），以及综合运用"三基"的题目，试题的难易程度应以基本要求为依据，使试卷能较好地检测学生掌握有关知识的程度。

（四）试题质量要求

试题内容要科学，无学术性错误；无歧义性，表述简单明确；无关联性，试题之间不能相互提示、相互矛盾。

试题资源库不是各种试题的拼凑和混乱搭配，而应该是对整个教学质量的有效检验，它应该强调技巧性，提高试题素质。试题资源库应该是对各个科目教学大纲的总结与检验，试题资源库应该体现教学大纲中的重点内容；应该全面检测学生的能力，覆盖面要广；试题之间的重复率不能过大；试题表达应言简意赅。

进入试题资源库的试题必须经过严格审核，在明确试题资源库要求的基础上，反复推敲，充分考虑到试题的典型性，尽量避免雷同，做到既有一定数量，又多而不滥，确保试题的高质量。

（五）试题资源的抽样测试

试题资源的抽样测试要有代表性，参加试测的样本必须能够代表将来参加考试的总体，而且这样的样本必须是经过有效的抽样办法取得的，人数不能太少。试题还要具有保密性，因为试题可提供准确度、区分度等信息。

（六）试题资源库基本功能

1.试题管理

试题资源库要保持新鲜，适应教师和学生的需要，还应不断补充、修改和更新试题，使题库更适合本地学校的具体实际情况，要经常进行试题的查、录、删、改。录入试题时分两种情况：单题录入和批量录入。单题录入指通过程序的录入界面一道一道地录入；批量录入指利用文字处理软件将大量的试题处理成一定格式的文档，录入程序处理此格式的文档，一次性将所有试题录入题库中。

2.组卷

组卷算法是试题资源库管理系统的核心技术，组卷算法的优劣，直接影响着所生成试卷的信度，决定资源题库系统能否充分发挥其教育测量功能，这对师生的教学工作有着重要影响。组卷的基本原则主要有以下五点。

（1）组卷必须全面反映大纲的广度和深度

组卷结果要体现教学大纲的基本要求，既要反映学生对基础知识、基本理论和基本技能的掌握程度，又要考核考生理论结合实际、分析问题和解决问题的能力。组卷全面反映大纲的广度和深度的前提条件是题库内试题数量必须足够多，覆盖面要尽可能大。

（2）组卷要有利于考生能力的考核

考试的目的不仅是考核考生的知识掌握情况，更应该通过考试促进考生智能的发展和提高，卷面试题类型应多样化，以便从不同侧面考核考生的知识与智能。因此，在组卷时，要考虑多种类型和功能的试题，选择最佳组合结构。

（3）组卷要讲究层次，形成难度台阶，确保在分数上拉开距离

难度过大或过小的试卷都不具备良好的区分度，如果试题太容易，就不能激发学生的积极性，考查不出真实水平；如果试题太难，超出学生的实际掌握程度和能力，容易使学生动摇信心，同样发挥不出学生的真实水平。因此，太难或太易都是不符合组卷要求的，组卷的难度应该从大多数学生的实际水平出发，形成难度台阶，使考生的成绩形成差距和梯度，即组卷要有一定的难度和区分度。

（4）命题不能出偏题、怪题

命题不能过偏，但需要有一定的深度，要能考查出考生的知识水平等级和智能差异。

（5）命题要注重发挥试题对考生学习方法的引导作用

通常，考试对学生学习的指导作用还是相当强的，组卷必须充分估计到考试对学生的引导作用，如果考题偏重于记忆，学生就会去死记硬背；反之，如果考题看重灵活应用，学生就会开动脑筋，钻研思考问题。因此，可以通过命题的指挥棒效应来引导学生掌握正确的学习方法。

基于上述组卷的基本原则，组成符合学生和教师使用的试卷，它应具备三个方面的功能：个人组卷、考试组卷和组卷策略的存储和使用。个人组卷

指学生可根据自己的需要，针对自己的知识缺陷，组出符合自己练习的试卷；考试组卷指组出正式考试的试卷，它应具备三种组卷策略，即智能组卷、绝对评价组卷和相对评价组卷；组卷策略的存储和使用是指具备预先存储组卷参数的功能，对于一些典型的组卷方式，用户无须每次都要输入组卷参数。

3. 统计分析

题库不应只是一个管理试题和组卷的工具，而应该能够应用于教学过程中进行测量和评价，以促进师生间进行更好的交流。学生在考试中的得分，可提供大量的教育过程信息，统计分析功能就是要分析学生的考试成绩，将隐含于其中的教育过程信息明晰化。具体来说，统计分析应具备三项功能：学生分析、试卷分析和试题分析。其中，学生分析是指通过分析学生历次考试成绩及试卷中各题的得分，了解学生的进步情况、学习障碍、知识单元的掌握情况等；试卷分析指分析某次考试的效度、信度、得分分布等信息，其是将每次测验作为预试的延伸，将分析结果反馈到题库中，从效度分析和信度分析入手；试题分析指通过考试成绩及参与考试的样本，对出现异常反应的试题提出警告，以及对专家估计的试题属性值进行自动校正。

4. 试卷库管理功能

由于学科是不断向前发展的，新的内容不断出现，同时旧的内容也可能过时，这样就要修改教学大纲。试题资源库是教学大纲的反映，因此试题资源库也应该根据新的教学大纲进行动态维护，使试题资源库内容与学科发展同步，与教学大纲同步。试题资源库中那些过时的试题应该及时剔除，反映新知识的试题应该及时补充进来，这样才能使试题资源库具有学科发展的特性，设制出来的试题资源库才能适合学科发展的特性，命制出来的试卷才能适合学科发展的要求，才能真正考查学生对学科知识掌握的全面性。

试题库管理软件应能够存储系统自动组成的试卷，也可存储外来试卷，供用户查询使用。该软件应具有普及性和兼容性。试题管理程序最终在不同的用户机器上使用时，要充分考虑用户的机器档次和运行环境，要尽可能减少程序的大小和降低对硬件的要求。此外，软件操作要简便，不要求使用者具备专业的数据库知识，普通的教师也可以运用自如，要与目前使用广泛的文字处理软件 WPS、Word 等兼容，使软件能直接读入这些文档并使生成的试卷文档可被这些软件直接打开。

（七）试题资源库运行环境要求

高校试题资源库的创新主要体现在摒弃传统试题资源库建设的旧思维，敢于打破常规，勇于创新，构建与高校教学改革相适应的基于校园网的开放试题资源库。

基于校园网络的试题资源库建设成功与否，首先要看是否能解决试题库的通用性，即系统是否适合各学科课程的试题资源库；其次，要求试题资源库对学生平时的学习具有指导的作用；再次，试题资源库中必须有大量的高质量试题，能够根据出题难易度和章节要求自由组卷；最后，试题资源库中试题的质量、数量及知识点的质量尤为重要，这要求教师有足够的时间和精力对课程内容进行深入的研究。

综上所述，高校试题资源库的建设是一项长期复杂的过程，它的涉及面比较广，包括试题资源库试题和知识点的建设及校园网络的完善。高校试题资源库的建设使得试题管理、出卷和阅卷更加科学、规范和智能，能够激发学生的学习热情，简化教师的出卷、阅卷过程。总之，试题资源库建设是高校课程建设的重要内容，它对提高教学质量有着至关重要的意义。同时，试题资源库建设又是一项新兴的科学性、理论性、实践性极强的系统工作。

第八章

信息技术与高校教学融合的机遇

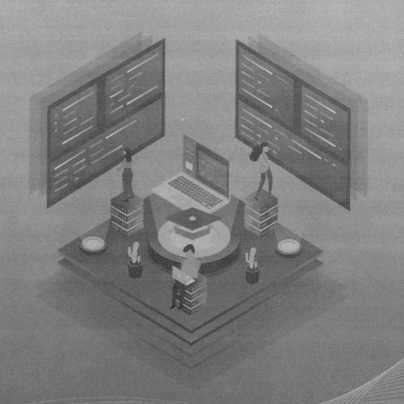

第一节 新技术给传统高校带来的教学变革

一、"互联网+"时代的挑战

"互联网+"应用于教育能够给教育发展带来重大机遇，促使其发生结构性的变革，如多元化教育模式、综合化教育生态系统、平衡规模化和个性化、专业化师生发展、扩充教学环境、科学化教育评价等，但机遇与挑战并存，如何把握好"互联网+"带来的机遇，积极应对挑战，是今后应关注的重点问题。具体而言，"互联网+"给教育领域带来的挑战可以分为以下六个方面。

（一）对传统学习动机激发方式提出挑战

"兴趣是最好的老师"，充满兴趣的学习者学习效率更高，失去兴趣这个逻辑基点，提高学习效率几乎成为伪命题。ACRS动机模型认为，要激发学生学习的主动性，不但需要基于对学习者特征的分析来把握学生学习动机的机制，也需要系统性的动机设计与激发程序，还需要具体的激发策略，将动机激发策略有效、无缝地整合于学习环境。该模型将活动化策略作为有效激发学习动机的四大策略之一，即允许学生自主选择任务、主题，参与游戏、角色扮演、研讨等多样化的学习活动。传统环境中只是教师口头阐述学习重要性的方式，很难激起学生对于学习枯燥的教学内容的积极性，主要是因为学生受到生活阅历、认知等方面的限制难以理解学习的重要意义。而"互联网+"创设的各类环境利用参与性的、直观的、可比较的方式使学生在参与学习活动中、相互"攀比"中有效地产生学习动机，提高学习效率。比如，云教学平台可以理解为小孩子炫创造力、炫学习进度、炫学习方法、炫自己得到点赞的地方。这种"炫"的方式，一方面为学生提供了参与学习活动的机会，另一方面巧妙利用了学生"攀比"的心理特征，即虚荣心一旦为学习所用，学生的学习热情将会空前高涨，学习不再是寒窗苦读，而是让人热血沸腾的事情，学生的内在求知欲被点燃。一个实例应用代表是万鹏的学习圈，它既能够记录属于自己的私人学习生活，也可以和好友相互分享，学生通过文字＋图片＋语音的形式在学习圈发布动态信息，将自己的学习生活第一时间与自己的好友分享，还可以查看评论点赞情况。很多学生因为使用学习朋友圈而爱上了学习，学习动机被有效激发。

（二）对传统的教学模式提出挑战

"互联网＋"时代的教育目标由知识传授向能力培养转变，对学习者的认知构建、能力培养、综合素养方面提出更高的要求，这就促使教学模式从以"教"为中心向"双主"（教师主导、学生主体）转变，促使教学观念从"老师教什么"向"学生学什么"转变，从培养"知识人"向培养"创造人"转变。传统模式下，教师主宰课堂，学生在教师的掌控之中学习知识，而"互联网＋"扩充了学生的知识获取的渠道。作为"数字土著民"，当今社会的很多学习者已经接受并适应了技术给教学带来的变化，在这种接受和适应过程中，人们获得了一种技术化的思维方式，即"人机结合"（人与计算机结合）——学生可以通过互联网的软件代码将想法变成设计，再通过互联网提供的丰富资源将设计转变为现实。教师在整个过程中扮演指导者角色，不断引导学生探究、反思、讨论与合作来实现知识内化。所以说，"互联网＋"环境下的学生不再是被动的信息与知识的接受者和消费者，而是主动的知识应用者与创造者。教师需要成为网络型教师，重新思考如何真正尊重学生的主体性与主动性，探索以学生为中心的教学和合作方式，充分利用"互联网＋"开展自定步调学习、社会化学习、游戏化学习、自主学习、合作学习、探究式学习，激发学生的创造力，提升学生利用技术工具与方法创造产品和解决问题的潜力。"互联网＋"环境下的教育变化更为迅速，如何在持续更新的环境下适应社会发展，这就需要培养学生应对变化、挑战、困难的综合能力，但并不是说掌握知识不重要，而是提示我们在掌握知识的基础上深化知识应用，拓展知识发挥作用的范畴，进而实现从知识掌握到能力培养、思维创新的跃迁。

（三）对师生的技术和信息素养提出挑战

"互联网＋"对师生的技术和信息素养提出了挑战，主要表现为对技术应用能力、信息鉴别能力、知识组织能力、自我管理能力等提出了更高的要求。"互联网+"环境促使技术与教学深度融合，教师不仅要能够熟练使用信息技术工具，也要探索如何将信息技术融入教学过程，使信息技术真正成为教学的一部分而不是仅仅作为附加性的工具；由于"互联网+"环境下的资源极大丰富，网络超链接技术可以快速集成大量信息资源并支持资源之间的灵活跳转，教师和学生都可以利用网络查找所需材料，那么如何在海量的知识资源中快速高效地找到符合自己需求的资源则是师生应关注的问题，这就对师生的信息鉴别能力提出了更高要求；"互联网+"环境下能够实现"泛在学习"，和以往教师在课堂上系统地传授知识不同，该环境下很多知识是以碎片化的、零散的形式呈现，那么如何及时串联组织管理这些知识以实现深度学习是师生应考虑的问题，否则很容易事倍功半；"互联网+"为学生提供更多接触和应用网络内各种资源的机会，虽然各级组织管理部门对网络内容有严格的限制，但不免有一些"漏网之鱼"，面对复杂烦琐且具有吸引力的"良莠不齐"的网络资源，如何在没有家长等的监看下正确利用网络从而提高学习效率，而不是沉溺于网络无法自拔，是学生应该注意的问题。

（四）对传统的教学环境提出挑战

在传统教学环境中，学生基本都是在学校里面、在教师的教导下、在和同学的合作交流中完成知识的建构过程，难以实现"开放教育"。而"互联网+"打破学校的围墙，打开学校的开放之门，基于"互联网+"的教育服务将成为学校教育服务的有机组成部分，进而实现资源共享的开放性、由资源共享开放性引发的人员合作交流的开放性、由资源共享开放性和人员合作交流开放性促使的学业完成的灵活性等目标的实现。具体而言，"开放教育"主要表现在以下三个方面。

第一，资源共享的开放性，如开放式课件项目可以让人们随时随地免费获取。

第二，人员合作的开放性。基于开放性的课程等教育资源，学习者在相关技术的支持下可以和来自世界各地探索相同类型资源的其他用户一起交流和讨论，并将结果发布到对应的在线论坛和知识库中，所以说身处大学校园里的学生的合作者可能来自英国、美国、新加坡、韩国等国家，这就促进了思想的解放，扩充了交流的范围。

第三，学业完成的灵活性。例如，MOOC 为学习者进行线上学习提供资源等综合性条件，学习者可以通过注册账号，利用碎片化时间进行学习，定期参与讨论和测试，最后拿到结业证书，完成与现实学校相同程序的学习过程。

学习包含正式学习和非正式学习，传统环境中我们更多地强调发生在学校里的、通过标准班级授课传授知识的正式学习，而"互联网+"环境下的教学环境延伸至生活各个方面，实现真正意义上的"泛在学习"，即任何时间、任何地点都可以进行学习。人们在喝咖啡、上网、午餐时可以学习，在休息室、博物馆甚至去停车场的路上可以学习，任何一个能够帮助学习者增加知识和能力的地方都可以作为教学活动实施的场所，正式学习和非正式学习的界限逐渐模糊。

（五）对传统的教育评价提出挑战

"互联网+"促使教学评价从诊断性评价向形成性评价与诊断性评价相结合转变、从简单评价向智慧评价转变、从单一性评价向多元性评价转变。在应试教育理念影响下，传统教育通常是以分数高低作为对学生评价的依据，这种唯分数论的评价虽然能够在一定程度上反映学生对于知识的掌握水平，但是不能够充分反映学生的综合能力。"互联网+"为教学评价从注重结果的诊断性评价向注重过程和能力的形成性评价转变提供了有利条件。人工智能促使过程评价和结果评价结合，学生最后的学期测评单不但是成绩单，而且是一张集学科板块知识点、能力点掌握情况、优劣势学科分析于一体的学生专属名片，学生依据测评结果找出问题所在，然后对症下药，提高学习的科学性、针对性和有效性。具体而言，"互联网+"对教育评价的优化作用主要体现在以下四个方面：

第一，评价依据更为可靠、科学。"互联网+"环境能够全程记录学生的学习过程数据，利用大数据分析摆脱传统经验主义束缚，真实地反映学生情况，洞察纷繁表象背后的教育问题所在，提供更为科学的指导和方向。

第二，评价工具更为先进。智能化评价技术的层出不穷大大提高了评价效率，口语题、作文题、论述题、计算题等传统需要人工批阅的内容都可以通过网络自动批阅，进而节省了大量人力、物力、财力。另外，"互联网+"环境下的教学评价工具不但包括试题、试卷单项知识评价，而且是集情感评价、能力评价、综合素养评价等多方面于一体的综合性评价工具。

第三，评价主体更为多元。网络的开放性特征允许更多人参与教学评价过程，评价主体不局限于学校人员，家长、学生、管理人员等都可以参与到评价过程中，增加了评价主体的多元性。

第四，评价内容更为全面。"互联网+"环境促使评价维度超越了仅是结果呈现的显性评价，也包含了过程性评价和理解性评价的隐性评价。如过程性评价主要考查学生的投入度、时间利用合理度等；理解性评价主要考查学生是否形成了良好的思维习惯与过程、是否对不同的情景有敏锐的感知与分析能力等。

（六）对传统的服务管理提出挑战

"互联网+"促使管理服务目标从以服务为中心向以人为本转变，服务过程由人工化、模糊化向自动化、可视化转变，服务模式从层级化、粗放型向扁平化、专业化转变。

首先，管理与服务目标更为人性化、个性化、精准化。"互联网+"促使学校管理服务从传统的以服务为核心的被动服务转变为以用户为中心的主动服务。通过人工智能、大数据分析等技术全面感知校园物理环境，智能识别师生群体的学习、工作情景和个体特征，改变师生与学校资源、环境的交互方式，实现从"人找资源"到"资源找人"的转变，提供以人为本的个性化创新服务。

其次，管理与服务过程更为自动化、可视化。传统环境下复杂的事务办理流程可能会耗费学生、教师、管理者等的大量时间，而"互联网+"环境下各类管理系统实现了数字化运行，应用数据可以随着业务流程及时更新，大大节省了人们时间；可视化的界面交互与智能操作降低了技术使用门槛，方便师生与管理者随时查询、办理各类业务，为师生生活、学习带来便捷。

最后，管理与服务模式更为扁平化、专业化。数字化的管理系统扩充了管理人员的"手"和"眼"功能，"一个平台、一个门户、N个应用"让网络替代人执行更多的任务，"一站式"服务门户、平台让广大师生在一个统一的界面上就能办理大多数业务，管理者人数、管理者层级逐渐减少，扁平化管理模式逐渐凸显；各类数字化管理系统和平台有助于实现教育业务关键流程的实时监控、动态监测与分析，及时诊断和发现教育运行异常状况，为教育危机预警提供科学依据。

二、教育人工智能的可能性

人工智能，简单而言就是对人类独有智能的一种模拟，从20世纪50年代的达特茅思会议提出人工智能概念以来，到现在已经有近七十年的历史，这期间人工智能早已过了好奇热情期，现实的挑战为人工智能的发展带来"冬天"和"春天"的交替演进，也正是这种交替演进在整体上促进了人工智能发展。从概念演进角度来看，人工智能经历了人工智能、机器学习、深度学习，而最后的深度学习是当今人工智能大爆炸的核心驱动；从发展路径的角度来看，人工智能递进的路径为弱人工智能、强人工智能、超级人工智能，而最后的超级人工智能是人工智能的长期目标。

人工智能的出现可能会导致未来很多职业被代替，这种情况促使人们进一步思考如何与人工智能和谐相处以发挥人工智能最大的作用，教育领域当然也不例外。如何发挥人脸识别、条码识别、大数据分析、机器学习、自适应技术、自然语言处理、文本挖掘、语音识别等人工智能技术在提高管理效率、改变学习模式、优化教育决策、升级评价方式、提高服务质量等方面的重要作用，为教育领域的发展谋福利是应当关注的重点。

（一）提高管理效率

自主智能可以提高高校管理效率。自主智能通过运用各类人工智能技术，如图像识别、人机交互等实现与人类行为的协同，进而取代人类的部分重复性劳动，具有自主性和智能性两个特征。自主智能系统是利用机器在计算、存储、决策等方面的特有优势，通过无须人工干预的先进技术进行操作或管理的人造系统。该系统可以有效感知、融合、适应复杂变化的外部环境，同时可以根据感知的外部环境信息进行自主决策。识别技术和大数据分析、移动物联网等科技手段结合促使高校开发各类自主智能管理服务系统，为师生构建全面的智能感知环境，提供基于角色的个性化定制服务。

人脸识别技术是利用计算机图像分析、模型理论、人工智能及模式识别技术的非接触性高端模式识别技术，完成从复杂的图像场景中检测、检出特征人像信息并进行匹配识别的智能分析过程。它通常涉及捕获、分析比对等一系列步骤，将一个人的面部信息和数据库中储存的原有数据进行分析比对，利用比对得出的数据结果最终实现某种特定的功能效果。如北京大学的"刷脸入校"是该校计算中心继"刷脸迎新""刷脸签到""刷脸进门"等一系列创新性应用之后取得的又一项开创性成果。大家耳熟能详的"刷脸进站""刷脸取钱""刷脸支付"等应用均采用1∶1人脸识别技术，无论照片底库多大，先通过身份证、账号或绑定的手机号找到本人的照片，再进行一对一识别，而且这些应用大都在室内进行，受光线影响小，技术成熟，比对速度和准确度容易控制。但"刷脸入校"则是人脸识别更为深度应用的体现：首先，攻克了室外人脸识别白天强光过曝和晚上微光过暗的难题；其次，克服了识别速度和准确度所带来的困难；最后，系统采用的是1∶N实时人脸识别技术，支持10万张照片底库，每次开门就需要即时从数万张照片中快速找出人脸特征进行精准匹配，这种规模的前端比对室外人脸识别应用在中国尚属首例。该系统的运用极大地方便了师生的进出，师生可以不必时刻拿校园卡等证件进出校园，增强了进出人员的安全管控力度，特别是增强了化学与分子工程学院危险化学品仓库的安全保障力度。

高校微信校园卡是利用人工智能提高高校管理效率的另一个重要体现。微信校园卡运用了条码识别技术、大数据分析管理和移动物联网等科技手段，又嵌入了二维码扫码头，融合了条码自动识别、采集和数据传输特性，与门禁二维码系统相对接，最终拓展了手机二维码扫码过闸的功能。二维码门禁闸机设备内嵌的二维码扫码头自动识别微信校园卡的二维码，获取对应的开门权限，快速过闸，给同学带来舒适的过闸体验。相对于实体校园卡来说，微信校园卡不仅解决了易丢失、携带不便、实名制等安全问题，而且省去了制卡成本和烦琐的发卡手续，还可借助物联网智慧校园系统全面对接图书管理系统，将用户借阅信息读入卡中，学生利用手机等终端即可享受智能化的借书、还书等服务，使学生及员工的管理高效、方便与安全。

（二）改变学习模式

智慧教育的发展目标之一是改变传统学校集体化教育一刀切的局面，体现学生的差异性，为学习者提供个性化的学习服务。随着信息技术和社会的不断发展，人们对因材施教的追求越来越强烈，如何提供个性化教育，实现个性化学习成为人们关注的重点。个性化学习是指优化学习步调和教学方法来满足每位学习者需求的教学。人工智能的出现有助于实现教学的个性化，各类自适应平台、智能推荐系统的出现说明了人工智能在实现教学个性化方面发挥了重要作用。

近年来，各类自适应平台的相继出现，以及自适应技术的发展为人工智能促进个性化学习奠定了基础。自适应平台主要利用机器学习实现各类功能，自适应技术可以根据学习记录、学习轨迹推荐学习内容，提高学生练习的针对性，适应学习者循序渐进的学习需求。机器学习作为人工智能的重要技术之一，通过结合学生的知识、行为和情绪等，有效地支持个性化自适应学习平台的构建，进而基于不同学习者的需求提供适合学习者的学习目标、方法和内容，还能激发学习者的学习兴趣，自发主动地进行学习。具体而言，机器学习通过对学生知识的建模推荐自适应的课程和资源，通过对学习行为的建模提供对应的学习支持，通过对学习者情绪的建模推荐符合情绪特征的课程资源。

例如，Knewton 作为目前影响力最大的自适应学习平台，能够为学习者提供自适应学习体验和预测分析来提高学生的学习成就。在技术层面，平台使用机器学习方法作为核心技术，构建了分析引擎和推荐引擎。分析引擎结合内容数据和学生响应数据实时对学生能力进行推断，然后将推断结果与学生学习结果结合，支持预测学生的学习表现，从而为学习者生成下一步的个性化学习路径。Knewton 在学习过程中主要提供三种工具和三种核心服务，三种工具包括个别化指导、预测分析和学习报告，三种服务包括为学生提供个性化推荐、为教师和学生提供分析、为应用和内容创建者提供内容解读。通过使用 Knewton 自适应学习平台，学生的通过率、提早完成率均有显著提升。

各类智能推荐系统也是个性化学习取得进展的体现，智能推荐引擎可以解决学习过程中的个性化问题。智能推荐引擎首先基于对学生数据的全面掌握，准确刻画学生的个性和学习需求，其次基于对学习资源内容和使用状况的智能分析，实现资源特性的标签化，最后依据每个学生的需求智能化推送合适的学习资源，进而实现学习过程的个性化。以科大讯飞公司研发的智能教学系统为例，该系统集成了智能教育核心服务中的智能推荐服务，基于学生的基础信息和学情信息进行数据挖掘，并通过行为建模、经历建模，结合学科知识点的行业建模生成学科知识图谱，为学生规划科学的学习路径；同时在自适应学习技术的帮助下，为学生智能化推荐教师和系统提供的微课资源、试题资源、课件资源和其他学习资源，辅助学生进行个性化学习。利用人工智能也可以自主控制学习进程，如在可汗教育模式中，以数学为例，如果你连续做对 10 道题，那么系统就默认为你已经掌握这个知识点，但假如你做对 3 道，错 2 道，接着又继续做对，那么系统就认为你在这个知识点掌握上还存在不足，就会根据你的答题情况自动推荐符合当前知识水平的题目，直到学习者完全将知识点掌握为止。

（三）优化教育决策

大数据为人工智能的发展添砖加瓦，大数据智能以数据驱动和认知计算为关键方法，从大数据中发现隐藏在数据之后的规律，从而帮助智能决策。教育领域的大数据可以揭示教育现象，反映教育规律，数据驱动的人工智能有利于教育决策趋向于科学化、提前化、精准化。

大数据智能是通过使用数据挖掘和机器学习等技术，对巨大、多维、完备的大数据进行深度分析，让传统的因果关系分析向分析事物之间强相关关系转变，从而获得有价值的知识或信息，并通过数据驱动实现描述智能、预测智能及引导智能。通过对个体的学生数据、教师数据、管理人员数据的采集和分析，科学决策学校的各项管理事务，如资源的配置、绩效的考核等；通过校情管理、量化评估、学生就业精确指导、学籍转移、督导督学、基于校园卡的学生活动与行为监测等对教学过程进行精准管理。

（四）升级评价方式

基于人工智能的智能评价在数学、物理、计算机等理工科的目标确定，评价标准统一的学科作业的评价方面应用广泛。随着自然语言处理、文本挖掘等技术的进步，基于短文本类、语音识别等的主观题自动化测评精确性不断提升，为教师从繁重的批改作业中解脱出来进而专注于教学提供条件。

智能测评强调通过一种自动化的方式来全面、综合地测量评估学生发展。所谓自动化是指由机器人担任一些人类负责的工作，包括体力劳动、脑力劳动或者认知工作。智能化自动测评在提高评价的精确度和节省人力、物力、财力方面均发挥重要作用。如智能评卷系统的应用大大提高了评价效率。该系统支持各类教育考试的不同评卷模式配置，如主观题的手写内容识别、内容检测、智能评分，形成人机协助的新型评卷模式。具体而言，智能评卷系统由以下六部分组成：①评卷管理端，主要实现对智能评分任务与操作流程的配置、管理；②智能服务管理端，实现对图文识别转写、智能评分、文本相似度检测等各类服务的进程管理和监控；③人工评卷客户端，主要对智能评分过程中需要人工处理的评分数据进行评分、复核等操作提供支持；④作业调度，实现对智能评分服务所处理的大数据作业内容的进程控制、资源分配；⑤误差引擎，实现对人人、人机评分误差的自动化分析；⑥质检功能，基于人工评分轨迹与图像检测、内容检测、智能评分的结果，提供评卷质检的参数配置与检测分析等功能。

语音识别技术也是智能测评中主要运用的技术，后台语音处理需要人工智能、智能搜索支持。在英语口语智能测评中，此类语音测评软件能够在用户跟读的过程中及时对发音作出测评并指出发音不准的地方，通过反复测评训练提升用户的口语水平。如科大讯飞研发的实时互动的"英文口语评测和合成系统"能让学习者摆脱时间和地点的制约，无须依赖教师的现场授课就可以学习口语。在语音合成技术的帮助下，系统会对学习者的口语进行自动评测，如其运用的句子、短语中体现出的语速、流利程度及发音等情况，找出语音问题，并提示其纠正。雅思流利说 App 是语音识别在教育领域的极致体现之一，该应用通过客户端可以模拟考官和学生进行对话，然后由机器从词汇、发音、语法、流利度四个维度进行判断。该 App 的先进性不仅体现在多维度、多粒度的口语评分与反馈上，在语音、语义甚至在逻辑连贯度上也可以进行准确评测。

（五）提高服务质量

人工智能服务作用的发挥可以通过智能教育助理和智能服务系统等方式实现。智能教育助理通过轻量级的教育应用为教学过程（教师教学、学生学习、管理者管理）提供便捷的智能化教育服务，其核心驱动力便是人工智能。目前，智能教育助理产品有辅助个性化教与学的智能导师、教育机器人、学习伙伴等。对教育大数据全面收集、精确分析是提升服务能力、开展精准服务的驱动力。智能服务系统通过平台搭建与系统集成，利用人脸识别、大数据分析、云计算为代表的技术，收集、整理、分析学生数据，为其提供更好、更高质量的服务。

三、教育大数据与教学创新

教育大数据为实现教学创新提供有利条件。通过对学习者学习背景和过程相关数据的测量、收集和分析，归纳总结各自的学习风格和学习行为特征，进而提供个性化的学习支持，在确保教育规模化的同时，针对每个学习者的特定需求实现差异化的教育供给，从而解决长期困扰教育行业的规模化与个性化统一的问题，实现差异化的教和个性化的学。

（一）教育大数据能支撑个性化学习

"数据驱动学校，分析变革教育"将成为我们未来向"教育2030"转变的一个主要趋势。在教育大数据的背景下，由传统的集体教育转向个性化教育的关键技术支撑是学习分析，可以说学习分析的本质是大数据在教育领域的应用，《地平线报告》连续六年关注基于大数据的学习分析。学习分析研究中心给学习分析的定义是通过对学习者及学习者背景的数据测量、收集、分析、报道，达到优化学习与学习环境的目的。学习分析可以从海量的学生相关的数据中归纳分析各自的学习需求、学习风格、学习态度、学习模式等信息，提供适合不同学习者发展的学习内容和学习指导。

通过对教育大数据的收集、整理、分析，能够依据学习者的风格和偏好提供个性化的教育教学，满足学生个体的不同需求，实现真正意义上的个性化教育。

通过对教育大数据的收集、整理、分析、挖掘，还能够为学生提供预警反馈，提早纠正某些错误或者可能会产生不良影响的行为。教育数据挖掘是综合运用数学统计、机器学习和数据挖掘的技术和方法对教育大数据进行处理和分析，通过数据建模，发现学习者学习结果与学习内容、学习资源和教学行为等变量的相关关系，以此预测学习者未来的学习趋势。教师根据预警信息，结合学生的学业表现，及时以课外谈话、心理辅导等形式对学生进行干预和帮助。专家系统是一个具有大量专门知识与经验的程序系统，它使用人工智能技术，根据某个领域中一个或多个人类专家提供的知识和经验进行推理和判断，模拟人类专家的决策过程，以解决那些需要专家决定的复杂问题。

（二）大数据能促进分层差异化教学

大数据促进分层差异化教学主要表现在以下三个方面。

首先，教育大数据为开展差异化教学奠定基础。利用教育大数据能够促进教师的专业化成长，更好地、更科学地支持差异化教学工作。

其次，教育大数据是实施差异化教学的工具。以教育大数据为工具可以系统地、精准地进行差异化教学，而学情分析则是该工具发挥作用的方式之一。学情分析可以解决教学过程中的精准化问题，不仅能够精准掌握单个学生的学习态度、风格、需求，也可以统计分析全班的成绩分布、知识掌握情况，为老师选取恰当的教学方式、合理规划资源、实现教学过程的精准化提供支撑。以智能教学系统为例，该系统集成了智能教育核心服务中的学情分析服务，能够采集班级所有学生的行为数据、基础信息数据和学业数据，并提交给学情分析服务系统。学情分析服务系统通过后台的大数据分析与智能技术处理，形成对学生个体与学生整体的画像，生成可视化的学情分析报告并提供给教师。教师根据学情分析报告中的各项指标数据，准确规划教学路径，精确设计教学策略，从而实现教学过程的精准化。

最后，教育大数据能够实现差异化教学的规模化。一般而言，差异化和规模化是对立的，实施差异化就难以做到规模化，实现规模化就难以照顾到个性化、差异化的需求，而教育大数据则能够将两者有机融合。如MOOC平台能够打破传统地理空间、时间的限制，以线上的方式给人们提供更多的教育机会，依托大数据构建学习者体验模型，对其线上课程进行评估，对线上课程进行再设计、改变课程学习顺序、优化教学策略，为每一个学习者提供不同类型的教学服务，从而实现规模化下的多样化、个性化教学。

四、虚拟 / 增强现实与学习创新

虚拟现实是一种基于多媒体计算机技术、传感技术、仿真技术的沉浸式交互环境，具有沉浸性、交互性、构想性三大特性。增强现实技术基于计算机的显示与交互、网络的跟踪与定位等技术，将计算机形成的虚拟信息叠加到现实中的真实场景，使人们在视觉、听觉、触觉等方面增强对现实世界的体验，具有虚实结合、实时交互和三维配准的特点。由此可见，虚拟 / 增强现实是持续发展着的、具有很强应用价值的新技术，能够通过场景化展示改变学习者的思维方式，通过深度交互改变认知方式，促进深度学习的发生。

在教育领域，尽管基于虚拟 / 增强现实（简称 VR/AR）技术的虚拟学习环境是一种新生事物，但是它的某些特征符合教育理论的观点。比如：

第一，行为主义认为学习是刺激 - 反应（S-R）联结公式，由刺激得到反应而完成学习。在 VR/AR 学习环境中，学习者与环境交互，而且能迅速得到反馈结果，并根据反馈结果决定下一步的操作，建立知识和反应之间的链。

第二，VR/AR 学习环境中包括丰富的建构工具包和表现场所，并强调学习者自己控制，这样既符合皮亚杰"把实验室搬到课堂中去"的设想与实践，又符合建构主义学习理论的"学习是一种真实情境的体验"的观点。

具体而言，虚拟 / 增强现实给教育领域带来的影响主要表现在以下三个方面：一是直观式的信息展示方式使抽象的概念、知识具体化，降低知识准入门槛，激发学习者的学习激情；二是在交互环境支持下真正实现"做中学，玩中学"，让学习者体验在实践操作中学习的乐趣；三是基于虚拟 / 增强现实的教育游戏可以增加学习者的学习动机，让学习者在轻松愉悦的心情中进行学习。

（一）直观展示内容，增加学习兴趣

虚拟 / 增强现实技术的一大特点就是能够使实体情景中不可见的东西变得可见，将抽象的东西以具体的形式展示，符合学习者的认知特征，方便学习者对知识的理解和掌握。诸如对书籍、环境等叠加虚拟信息，将抽象的概念、知识、模型，以可视化、直观式的具体形式展示，从第一视角将教学内容直观地、生动地、互动地呈现在学习者的面前，降低知识准入门槛，从而激发学习者的学习热情，加深学习者对于知识的理解。

索尼公司的 Wonderbook 增强现实电子书，以及应用于生物自然课程的移动增强现实软件 Green Hat 都是通过虚拟 / 增强现实技术达到书本内容可视化呈现的效果，有效促进学习者进行直观、深度学习。

（二）实践交互操作，添加学习活力

高校教育重在培养实用型和创新型的人才，所以对学生的实践操作能力和创新能力提出了更高要求，但由于人力、物力、财力等条件限制，高校在此类人才培养方面还有待加强。

物力方面，高校中的一些专业如机械、医学、建筑等，大量的教学内容属于实践性，但现实生活中受环境、场地、设施设备、安全、污染、资金、不可控、不可再现等因素限制，难以提供充足的实践机会以实现有效教学。

财力方面，由于学生实训需要借助大量的教学设施设备来完成，但实训设备成本高昂，一次性设备造成的损耗更大，这就导致资金不宽裕的高校拥有的设备比较陈旧，难以跟上企业生产技术的发展需求，有些高校甚至没有对应的设施设备，学生在校所学技能与企业需求脱节。

人力方面，"双师型"教师匮乏也是高校教育发展的短板之一。高校某些实践性专业不但要求教师有扎实的理论功底，更要有丰富的一线生产管理经验，并且懂得技能人才的培养规律。然而，我国应用技术类院校普遍面临着师资数量与质量、师资结构调整与扩招速度失衡等问题，许多教师缺乏一线实践经历，承担课题能力不强，即使外聘企业老师教学，也存在指导偏于形式化的情况，教学效果普遍不甚理想。

杜威（Dewey）在《民主主义与教育》中提出"在做中学"这一宝贵思想并产生深远影响，而虚拟/增强现实技术的这些优势无疑会在教育领域重新掀起一股"做中学"的热潮。虚拟/增强现实通过计算机建模、模拟与仿真带来感知物品和环境的全新体验式学习模式。这种学习模式能够提升学生对知识结构、技能操作的学习兴趣，有效增强学习效果。尽管虚拟/增强现实教学模式不能完全替代传统教学，但其所带来的教学结构、学习认知、知识传递、实训演练等方面的改变的确给注重实践能力、技能掌握能力、创新能力的高等教育注入了活力，赋予了其更多实用的教学方式，从某种程度上缓解了高校教育人力、物力、财力方面的短板问题。

虚拟/增强现实能够全方位展示知识点，克服物力上的不足。VR/AR通过真实的模拟和交互促使知识点全方位展现，将一项技能或者物品细化到不同阶段、不同环节，学生能够通过反复模拟操练全方位了解操作对象的具体细节。例如，在汽车专业课堂上，学生戴上VR头盔，通过操控手柄对观察对象进行360°旋转、缩放、拉近、拆装，全方位观察，使汽车发动机、底盘、电气设备等构造原理清晰地展现在学生面前。

虚拟／增强现实技术能够节省资金，缓解财力压力。利用数字建模、场景再现、虚拟仿真制作、产品模拟等可视化技术，学生可以重复体验、切身经历创造过程，避免不必要的材料消耗，缓解经济压力。如汽车检测与维修技术专业对学生动手能力要求非常高，但目前市场上车型千差万别，让学生都一一进行实物拆装、维修不仅成本高昂，而且地方不足、汽车报废率高。但 VR 技术提供的亲临现场感就能够在虚拟环境下给学员提供"实操"机会，通过三维建模技术，VR 设备可以对任何车型、故障情景进行虚拟仿真，进行多人次协同操作训练，解决设施设备不够、场地不广、时间不足、学习不便、安全不保、效率不高等问题。

虚拟／增强现实技术为学生提供合作学习、自主学习和反复训练的机会，解决人力问题。虚拟／增强现实技术软件平台可以实现作业流程、规范、标准的模拟训练，学生在模拟场景中被赋予一定的任务，在任务的提示下完成知识的学习与理解消化，并进行对应的实操演练。学生通过佩戴的虚拟／增强现实眼镜看到显示器上来自老师或者其他教授、资深学者，甚至是远端的教授或者专家的指导，也可以在没有老师的情况下进行自主学习和反复训练，解决了"双师型"教师匮乏的问题。另外，对于在校学生来说，能够在岗前获得更多操作经验，有利于提高就业竞争力。

以医学教学为例，许多老师在讲解人体构造时，会以传统的方式如借助二维的图谱及简易的人体模型来进行教学，但用这种方法无法向学生展示人体结构的细节，尤其是细致到神经系统及毛细血管的部分更是无法展现。同样，在临床实践阶段，医学生也不可能在病人身上进行操作，更别提反复操作、反复试错。而虚拟／增强现实技术支持下的 cardio anatomy site—— 联机 3D 互动心脏剖析教学不仅真实模拟了正常的心脏状态，而且呈现了 25 种常见的心脏疾病，欲了解心脏知识的用户可以通过三维互动功能模拟再现这些心脏疾病。医学院学生可以通过模拟的心脏病症状学习心脏病方面的知识，一改以往使用医学标本进行学习的情况。病人也可以通过观看展示了解自己的病情、生理症状等。

（三）游戏化式学习，增添学习趣味

游戏通常包括一个或一系列任务，具有娱乐、挑战和好奇心相结合的特征。作为虚拟/增强现实发挥教育作用的方式之一，教育游戏通过角色扮演、挑战活动、争夺空间，以及系统中嵌入真实的资源和工具的方式实现了教育性和娱乐性的有效融合。在教育游戏中，学习者被赋予了明确的角色，让学生置身于一个虚拟的、逼真的场景中锻炼换位思考能力，促进跨领域知识与方法的融合，更好地激发创造力，在娱乐过程中学习知识，实现了"玩中学"。

第二节　信息技术与高校教学融合创新趋势

随着移动互联网、云计算、大数据、人工智能等新一代信息技术在全球教育领域的广泛应用，以及 MOOC、翻转课堂等新型教学模式的蓬勃发展，高校教学在面临新技术带来的机遇和挑战的同时，与信息技术的深度融合创新也在萌生着更多新的热点和趋势。信息技术与高校教学融合创新所产生的新热点与趋势有以下六个方面。

一、正式学习与非正式学习的融合

（一）正式学习与非正式学习融合的概念与模式

欧盟委员会认为，人的学习应该分为正式和非正式两大类，其中正式学习在学习目标、学习时长和对学习的支持等方面具有结构化的特征，且学习是学习者有意进行的，具体包括正规学习和非正规学习，两者差别在于学习是否由教育或培训机构提供，以及是否以获得证书为主要目的；而非正式学习是由日常生活经历、工作、家庭或休闲引起的学习，这种学习在学习目标、学习时长和对学习的支持等方面都不具有结构化特征，也不以获得证书为目的，且学习往往是偶发和随意的。

然而，便携式个人学习工具与无线移动通信技术正逐步走进学习者的生活，并推动着学习方式的悄然变革。以现代科学技术为支撑的数字化学习领域产生了移动学习、泛在学习、无缝学习、混合学习、智慧学习、微学习等新兴学习方式，逐渐模糊了正式学习与非正式学习的边界。

正式学习和非正式学习融合的学习形式，往往包括个人学习和社会学习的融合，跨越时间、跨越空间、泛在的学习资源，真实世界和虚拟世界的融合，运用多种设备，多种学习任务之间的无缝转换、知识综合，以及多种教学法和学习活动的融合等特征。

相对于系统性强、遵循课程大纲的正式学习，非正式学习具有非系统性、时间和方式灵活、开放性强、强调学生自主学习能力等特性，将非正式学习融合到现有体制内的学习体系中，可以创建一个能够培养学生好奇心、创造力和创新能力的教育环境，因此大学生和高校教学是非正式学习和正式学习融合的最佳应用对象和场景。

正式学习与非正式学习融合在高校教学中的常态主要体现在课堂学习和课外学习的融合，以及即时交流和非即时交流的结合上。因为学习管理平台在高校的普及，教师大多将学习资料上传至平台供学生课外自主学习，并在平台上进行非即时的远程交流互动和答疑，课内则更多开展关于研究主题的讨论和小组合作研究。与此同时，高等教育领域 MOOC 的发展和普及也是高校非正式学习和正式学习融合的重要渠道之一，非正式学习者因此有了体验优质高校正式学习的机会。基于 MOOC、开放教育资源、在线学习平台和即时通信工具的社会交互学习，在消除正式学习与非正式学习鸿沟的同时，促进了学习者基于学习社区强化自身对所消费、共享和创造的资源与知识的理解。

（二）正式学习与非正式学习融合的环境与条件

重新设计学习空间是进一步促进正式学习和非正式学习融合的重要举措。为了支持大学生在物理环境的课堂中可以基于数字技术开展更积极的学习，高校正在重构其物理学习环境以促进此类教学的转变。如今，混合教学环境的设计已越来越多用于支持基于项目的学习与协作交互活动，同时注意更多移动性、灵活性和多个设备的使用。为了改善远程通信，高校正在升级无线带宽并安装大型显示器，以便学生在数字项目上可以实现更自然的协作。此外，大学正在探索混合现实技术如何将 3D 全息内容融入物理空间，以便学生可以更真实地体验一些模拟实验（如通过控制流动站车辆来体验火星），或者通过详细的视觉效果实现与物体（如解剖实验室中的人体）的多方面交互。随着高等教育继续从传统的、以讲座为基础的课程转向更多的实践活动，高校的教室也开始形成类似真实世界的工作和社会环境，促进师生的有机互动和跨学科解决问题。

学习空间对学习过程和结果有着重要影响，且因为积极学习对学生更有帮助，支持主动学习的空间也越来越被提倡。尽管学习空间的设计会影响教师和学习者的感知和参与水平，并可能导致学习成果的增加，但仅靠学习空间设计并不能保证更好的学习成果，除非课程设计明确适应以利用空间，否则结果可能达不到预期，且不熟悉主动学习模式的学生甚至可能会产生抵制心理。因此，即使使用了主动学习空间，很大程度上也依旧取决于教师，学习者能取得的更大成就来自课堂设计之外的各种因素，包括教师发展、课程设计和持续的学生支持等。

为了最大限度地提高灵活性和易用性，学习空间技术正在迅速发展。例如，高校正在尝试将扩展现实（XR）技术（虚拟、增强和混合现实）集成到学习空间中，以支持个人和团队学习。此外，与 XR 技术类似的视觉显示墙也正在成为各高校学习空间设计的标准部分之一。

（三）正式学习与非正式学习融合的优势与挑战

与传统分裂的正式学习和非正式学习相比，两种方式融合的学习有以下优势。首先，正式学习与非正式学习的融合优化了学习资源，学生能接触比单一的正式学习或非正式学习更多的学习资料和知识来源，网络资料、线上专家、同伴协作等都可以在混合式学习环境中转化为学生的学习资源。其次，正式学习与非正式学习的融合推进了个性化教育，使教师的教和学生的学都有了更大的灵活性。学生可以根据自身需要选择学习的时间和地点，自由掌握学习进度；教师可以根据自身的工作空闲情况了解学生的学情并给予适当的反馈与交流。最后，正式学习与非正式学习的融合提高了学生自主学习能力，同时也赋予了学生更多的责任。在课外学习和合作学习中，学生有更多的机会掌控学习进度和学习目标，这也为培养学生成为自主学习者提供了良好环境。

但与此同时，正式学习与非正式学习的融合也对物理环境、学习评估、师生等方面提出了新的挑战。

1.物理环境方面

正式学习与非正式学习的融合离不开混合学习环境的重构。高校需要根据国际认可的一流学习空间指标来重新设计传统的学习空间，并充分运用新型空间以配合融合正式学习与非正式学习的混合教学法。高校如何面对物理空间的挑战将直接关系到教师和学生如何应对在正式学习与非正式学习融合过程中教与学的挑战。

2.学习评估方面

正式学习与非正式学习融合的趋势使得学习评估开始聚焦于教育工作者评估、衡量和记录学生在正式与非正式学习过程中的学习准备、学习进度、技能获取和其他需求等混合学习数据的方法和工具的使用与创新。这当中主要挑战在于如何记录、测量和认证非正式学习的成果，并且缺少统一的认识和有效方式。数据挖掘软件的激增，以及在线教育、移动学习和学习管理系统的发展正在融合学习环境，利用学习分析和可视化软件多维地描绘学生的混合学习数据，通过混合课程的数据揭示学生行为如何促进他们的进步，以及达到特定的学习成果，从而使高校教学可以基于实证更好地服务于学生的正式学习与非正式学习。

3.师生方面

教学方式、环境及评价方式的转变促使教师和学生各自的角色和职责产生相应的转变，因此其挑战主要集中在学习新的教学方式和教学理念，以及适应新的角色和技术培训上。如何将混合的教学方式和教学理念如协作学习、MOOC、翻转课堂等融入课堂教学，并根据学生的学情数据进行适当的调整、反馈及基于数据的评价，对教师来说存在教学本身、技术使用、数据分析等方面的挑战。对于学生来说，如何成为自主学习者和如何使用技术制定个人的学习目标、自我监督和控制学习进度，并基于学习数据调整学习计划和开展自我评价，是学生需要面临的新挑战。另外，如何帮助学生根据自身需求识别有益的校外学习资源并合理利用，也是高校需要应对的问题。

二、推进创新文化以应对知识老化

（一）知识老化与知识创新

21 世纪是一个知识爆炸的信息时代，大量信息的日益更新和知识老化的加速，使得每个人都需要不断学习，学习一切反映当代世界发展的新知识，学习做好工作所必需的一切知识，学习解决问题的方法，做一个终身学习的公民，并且要求每个学习者从知识的消费者逐渐转变为知识的共享者、创造者，只有勇于知识创新，才能赶上知识老化的步伐。

知识、社会需求、技术等各方面的快速更新，对教育机构提出了更严峻的挑战。教育机构需要理解社会转变给教育带来的影响，敏捷地预测海量知识变化，并不断产生有利于教与学的新理念。新技术的层出不穷和版本更新，也对用户使用和适应提出了更多挑战。高校需要就技术选用、连接促进有效的教学法和研究工具方面作出明智的决定，同时需要思考如何利用有效工具在海量知识中发现、解释、组织和检索最有用的数据，根据社会需求填补知识空白，提供所需的新技术和知识。

知识创新是推动国家创新和可持续发展的根本动力。随着经济全球化的加剧和知识经济时代的到来，变化越来越快且越来越复杂的知识环境，使得大学和研究机构在知识创新与管理方面的合作需要日益强烈。

科学研究与高等教育深度融合能够从根本上促进知识创新体系的建设，而科教融合的知识创新体系建设关键在于促进高校与研究院在形成良性互动的格局中提升各自的知识创造和传播能力。高校是知识创新体系的核心主体，因其承担着科学研究、人才培养和社会服务三项核心功能，特别是研究型大学已成为各类知识创新成果的重要贡献者和国家知识创新体系的主要组成部分。因此加强高校主体的创新能力，促进其创新文化，完善其创新体制，在知识老化的时代显得尤为重要。

（二）应对知识老化挑战的策略：推进创新文化

推进创新文化是高校发展的长期趋势，不过其内涵从强调对已有知识的理解和探讨转变到充分发挥各种学习技术和资源对知识进行创新、在学习中创造新的成果上来。

如今的高校不再是传授旧知识、培养传统人才的场所，而是创造新知识、创新研究发现和培养创新型人才的宝贵园地，高等教育已逐渐成为知识创新驱动的重要源泉之一。面对这一转型的挑战，高等教育需要改变的现状是：将创业精神融入高校教学，并培养学生将接受失败作为学习过程的重要部分；在不断的尝试中，将自己每个重要的想法结合，可以激发进步。对此，高校需要基于时代发展创建新的学位课程，降低学习成本，提供多样化学习证书，开发新的教学方法，等等；同时对传统的课程及其评估方法进行批判性修改，将已有课程和教学评估体制中可能限制新思想萌生、发展和实现的障碍加以消除。

值得提倡的是，参与式学习文化有利于高校信息和思想的流动与实现，其鼓励采用协作方式解决问题，并提供多样化的声音和观点，使教师、教职员工和学生在知识传递与创新的过程中处于更加平等的地位；而创新的教学模式和教育技术，如课堂参与和评估工具、混合和完全在线课程，又将这种民主化的知识创造经验和创新文化进一步共享至全球的教师和学生。好的创新空间的建设有利于调整、改善组织机构的空间规划，并吸引更多利益相关者加入，推动整个学校范围内的创新文化。高校在推进创新文化进程中，拥有一个定位清晰的使命和合适的愿景比一味追逐新元素更重要，也更能长久发展。在经济上，高校可通过 MOOC 获取的收入来支持其他更多重要的创新活动，如研究生的创新研究项目等。高校的教学课件等数字化学习资源内容在制作上做到多模态、高质量、具备评价和分析功能、提供学习支持服务、提供学习策略这五个方面，对高校学生的数字化学习创新有着至关重要的作用。

三、扩散开放教育资源以促进数字公平

（一）数字公平问题

数字公平问题是指获得技术的机会不公平等问题，尤其是宽带互联网。在很多发展中国家，甚至一些发达国家，这一社会公平问题仍然非常严峻。

为应对这一挑战，需要努力改善信息化公共基础设施，增加移动连接、公共互联网接入、电子服务平台等设施建设的投入。联合国已确定互联网接入对于实现到 2030 年减少贫困和饥饿，以及改善全球卫生和教育的可持续发展目标至关重要。

努力改善数字公平问题对促进社会各个群体的充分参与、交流和学习是至关重要的。技术在提高弱势学生群体的高等教育可接受度和确保残疾学生获取网络资料方面发挥着重要作用。通过高速互联网接入实现在线学习，以及使用开放教育资源可以为学生节省大量的高等教育成本。

（二）开放教育资源扩散促进数字公平

开放教育资源（open education resources, OER）是指可供各地人们免费使用和重新利用的高质量教学、学习和研究材料。目前，OER 的利用主要是为了降低高等教育相关成本，如减低学生的教科书成本。高校推动的开放式学习计划因其提供的免费在线学习资料已满足了部分弱势学生群体的学习需求，但 OER 的更多潜在价值还需要被进一步挖掘，如 OER 根据开放许可为教师提供材料保存、重新使用、修改、重新混合和重新发布五项合法权利，使其自由灵活地根据特定需求调整教学内容，所以高校应在课程开发和资源基础建设方面开展更广泛的投入和贡献。

（三）高校跨机构合作促进数字公平

然而要想进一步促进数字公平，高校之间的合作将会成为极其重要的一环，各个高校资源的开放共享，有利于创新型高校带动传统型高校，从而促进高等教育的公平，保障不同水平学校学生的学习权益。

今天的全球环境越来越多通过技术联系在一起，使各机构能够跨越国际边界，努力实现有关技术、研究或人才培养的共同目标。通过建立伙伴关系，高校可以集中某个特定领域的资源，便于学习者访问本地可能无法获得的各种数字课程材料、数据和技术。越来越多的机构正在加大力量，将他们的智力资本结合起来，或者在战略上与该领域的创新者努力保持一致。跨行业的合作和合作伙伴关系也越来越普遍，在各行各业寻求研究机构来解决自身面临的紧迫挑战的同时，高校也在寻求与各种行业合作的机会，来为学生成为优秀数字化劳动力提供锻炼机会，并适当调整课程和学位要求与行业需求保持一致。

跨行业合作，尤其是行业与高校合作的一个重要优势在于，可以使学生掌握所需技能，以跟上世界各行业不断变化的劳动力需求。对此，为了共同努力降低各高校和学生在这方面的成本，《高等教育纪事报》提出建立一种"网络化大学"，并从获得所有领导层支持、识别同行组织、利用技术促进关键行政服务、建立教师对该计划的信任和信心四个方面下手。技术在实现此类合作方面将发挥至关重要的作用。例如，跨机构合作的在线学习平台可为各高校师生提供高质量、低成本的通识教育，利用技术重设学术供给模式，可以提高学生的学术成功率；利用流行的社交媒体应用程序，创建动态的虚拟学习社区，可以让不同地区的学生分享各自学科的学习经验，从而推进跨文化的专业学习。

虽然跨机构合作的重点往往是分享高质量（通常是数字化）资源以降低成本，但其动力和目的主要来自两方面：培养学生技能以匹配 21 世纪劳动力需求；通过校内研究和创新中心来激发和试验新想法。

四、关注学习测量并缩小成就差距

（一）成就差距

成就差距是指由于社会经济地位、种族、民族或性别不同而造成的学生学业水平上的差距。这种差距的产生，一方面是因为来自低收入、少数民族、单亲家庭和其他弱势群体的学生仍然面临难以获取资源和教育公平的问题；另一方面是因为，高校现有单一、统一的教育和培养模式很难满足学生的个性化学习和发展需求。应对这一挑战的策略之一是要促进开放教育资源的发展，使更多群体能获得免费优质的学习资源。同时，高校需要有更灵活的学位计划，满足学生的个性化需求，帮助学生获得 21 世纪所需技能，提高就业水平。

今天，几乎所有通过互联网消费商品和服务进行的互动都以个性化的方式被跟踪、存储和使用。这导致了大数据概念的形成，即大量数据反映了不同人群的行为。数据科学家和数据收集平台以计算方式组织大数据，以便分析和识别可能未被发现的模式。在教育方面，数据挖掘已经开始用于识别有风险的学生，为其个性化学习创造灵活的成功途径，从而缩小学习成就差距。随着高校越来越擅长处理和解释大数据，高校可以做出更明智的决策，以反映真实的学习者需求。

然而与此同时面临的挑战是：高校需要更好的工具，并深入探索如何收集和分析数据，以便做出更明智的决策和预测，同时还需要保障教育管理者、教师、学生、相关研究人员都掌握一定的学习分析技能。

（二）学习测量

日益关注学习测量已持续六年得到关注并成为未来 1～2 年内的短期趋势。当今世界的劳动力所需技能已因社会经济和科技的快速发展而被不断重新定义，为此高校必须重新思考该如何定义、衡量和展示学生的学科专业能力和相关软技能（如创造力和协作能力）。随着雇主越来越多寻求所谓的"T形"毕业生，即将特定领域的深层垂直知识与广泛的横向软技能结合（如团队合作、沟通、数据分析和技术操作、对不同文化的鉴赏能力等），高校需要在促进学生技能发展的学习测量方面下更多功夫，以便学生能够在毕业时充分展现他们通过实习、出国留学项目、选修课程等各种正式与非正式学习途径而获取的广泛知识和技能。

为了帮助学习者提高专业熟练程度和相关技能，高校越来越多地提供包括各种具体学习经验的多样化新型证书来记录所有形式的学习，以此代替传统的能力凭证。

五、提升师生数字素养及促进教育者角色转变

（一）师生的数字素养问题

技术的高效和创新使用在 21 世纪会成为工作场所及其他地方成功至关重要的要素。不同于以前的含义，今后的数字素养将不再只是获得各项单一的技术技能，而是要更深入地了解数字环境，实现对新环境的直观适应和内容的共同创造。

高校负责培养学生的数字公民身份，确保学生能够负责任且适当地使用技术，包括在混合和在线学习环境中的在线交流礼仪、数字权利和责任等。这种新的能力要求正在影响高校教学的课程设计、专业发展及面向学生的服务和资源。

例如，如果人们希望学生、教育工作者和领导者更好地使用可用数据，而他们需要具备相关工具和相关培训才能做到这一点。了解如何使用新数据工具和启用分析技能（包括数据素养、计算思维和编码），对于教师和学生提高对大数据的理解和使用至关重要，也有利于师生掌握良好的方法来评估和管理学生的学习信息，从而最大限度地发挥不同学生个体的学习成就，缩小生生差距。因此在关注学习测量、个性化学习的智能化数据时代，师生在已基本掌握数字化学习基本能力的基础上，即将面临对学习数据的理解、分析、处理、使用等相关的数字素养挑战。

提升师生数字素养在一定程度上是高校可以解决的挑战，但也会存在一

些困难。主要在于对数字素养的界定还太宽泛，对数字素养的核心要素还未达成共识，尤其时代和科技变化之快导致的数字素养滋生之繁杂，会使得高校可能无从下手。现在可以确定的是，至少有两类能力需要引起重视：一类是基本的技术技能；另一类是行为技能，包括技术支持的协作能力和批判性思维能力。数字素养涉及需要适应数字社会方方面面的能力，并且教师和学生应具有的数字素养也不尽相同。高等教育机构需要明确教师和学生应该具有的数字素养的核心要素，设计相关的评估指标体系，评估当前人员的水平，明确发展领域，并制定实施数字素养实践的精准战略。

（二）教育者角色重新定位

事实上，每种教育趋势的改变和发生都会影响教育者角色的转变。例如，随着师生数字素养的提升，教师的数字化教学内容、方式都会不断改进，教师需要使用越来越多新鲜的技术工具（如更加多样化的数字学习资源、富媒体课件、参与在线讨论、协作创作等）来不断更新自己的教学方法，激发学生的学习兴趣，促进学生的学习效果。

正式学习与非正式学习的融合，以及主动学习空间的设计，又促使教师熟练混合教学和以学生为中心的课堂，通过基于项目或基于问题的学习，教师充当指导者和促进者，鼓励学生发展更好的研究习惯和阐述深层次问题。

对学习测量、学习数据的使用，又需要教师成为学习分析师，基于学生的能力现状、学习发展情况和其他需求，为其进一步制订学习计划，必要时进行干预，并适应个性化教学的趋势努力转变自己的教学习惯。

跨机构、跨行业、跨学科的合作趋势，又激励着教师突破自己的教学圈，增加与外界其他学科师生、行业、学术机构的接触与合作，一方面要及时将行业需求嵌入自己的课程标准中，另一方面要为学生创造更多可以体验真实学习和跨学科学习及国际合作的机会，同时还要促进自身专业发展，此时教师又是重要的中介者和自我学习者。

开放教育资源的扩散使用，又使高校教师在成为资源使用者、创造者的同时，可能成为全球各地学生的共同教师。当自己的学生正在学习其他教师的开放课程时，教师自身又成了一个监督者和辅导者。

在今天这个时代，教学模式正在不停变化，而教育工作者也被寄予越来越多的希望和要求。例如：希望他们能够熟悉各种内容传递、学习者支持和评估的技术方法；与校内外教师合作；教学活动中定期使用数字策略；充当指导者，促进以学生为中心的学习；采用创新的教学模式和策略；完成持续的个人专业发展；等等。随着教学技术的不断涌现，世界各地的许多高校都在重新思考教育工作者的主要责任，教育工作者面对的压力在增加，但与此同时，机会也更加丰富。

六、跨学科研究兴起及真实的学习体验

（一）新型跨学科研究的兴起

在最新报告中，新型跨学科研究兴起是多年来第一次出现的一个新趋势，并且是中期趋势。正在兴起的跨学科交叉学习和研究即将成为下一代学习的挑战，即学习者需要突破自己的惯性学习圈，在看似不同的多个领域中同时进行探索、研究等学习活动，甚至在此过程中开拓出新的尚未存在的领域。比如，数字人文学和计算社会科学研究方法已开始成为图书馆学和出版学领域跨学科交叉研究的开拓性领域，其他研究人员、学术工作者、技术开发者等正在开辟数据结构、可视化、地理空间应用、开源工具创新应用等新领域。此外，新形式的学术出版物将传统静态印刷式学术与动态互动工具结合，实现了对研究数据的实时操作，将定量方法应用于传统定性学科，从而出现了新的研究范畴，如远程阅读和宏观分析（对大型文本语料库的研究，而不是对一些文本的仔细阅读）。这些新兴领域可能会带来令人兴奋的教育新发展，也是下一代学习者需要适应的新局面。

如今高等教育的一些传统学科正在面临危机（如人文学科和历史学），而跨学科研究的兴起，为其解决危机提供了一种方法，即激发与传统学科关联的、新的、创造性的研究项目。但跨学科研究也很脆弱，因其与长期的专业化学术传统相冲突，高等教育要实现成功的跨学科合作离不开领导力、管

理和有效沟通等重要因素。

（二）真实的学习体验

此外，如何保障大学生可以拥有真实的学习体验，也是高校面对下一代学习者所面临的一个新挑战。随着新时代对人才提出的解决真实问题的能力要求，下一代的学习需要在真实世界的体验中为了给未来生活做准备而学习。真实学习的倡导者强调了元认知反思和自我意识作为基石的重要性，这也是21世纪人才培养的重要方面。

然而，那些让学生接触现实问题和工作环境的经验，在如今的大学里仍然不是普遍存在的。"真正的学习"将会成为高校教学的重要教学策略。高校需要采取一些措施让学习者沉浸在可以获得终身学习技能的环境中，如职业培训、学徒和科学调查等。越来越多的高校将通过与更广泛的社区建立关系，缩小学术知识与具体应用之间的差距；通过与当地组织的积极合作，学习者可以体验到学校之外正在等待着他们的真实情景。

此外，高校需要重视混合现实（增强现实、虚拟现实）环境条件的建设与完善，因为虚实融合的学习环境和其他物理资源对学生感受真实情境的学习体验也至关重要。这方面高校的创客空间会是大学生体验真实学习的重要场所，既因其对虚实融合环境嵌入的可行性，也因其对真实问题解决项目的支持度，更是跨学科团队合作和知识创新的合适场所。随着知识老化越来越快，高校需要提供条件，培养学生练就在快速发展的世界中面对新问题、新挑战依然可以真实适用的技能。创客空间建立在开放实验、迭代和创造的基础上，学生可以基于各项技术工具开展主题研究，并积累其实现各种新想法所需的学习经验。在这种情况下，创意、设计和工程正在走向高校信息化的最前沿，诸如3D打印机、机器人技术和基于网络的3D建模等工具，可供更多人使用。配备VR的数字创客空间，可以通过利用3D图像来模拟360°的环境视图，消除对物理空间的限制，支持学习者在更自由、更真实的学习环境中，通过动手设计、构建和迭代，全身心地参与新知识的创造性活动、新问题的高阶解决过程。

第三节 信息技术与高校教学融合创新重点

一、人工智能与高校教学创新

与传统信息技术推动的教育信息化 1.0 不同，教育信息化 2.0 由以人工智能（AI）为核心的新一代信息技术来推动。在全球人工智能、大数据、区块链等技术迅速发展的环境下，国家对智能教育给予了高度关注，而高校在理念创新、资源建设、科研投入、产学研合作方面较其他教育阶段的学校更有优势，更易建设智能化的学习环境与学习体系。教育部、财政部、国家发展改革委员会印发的《关于高等学校加快"双一流"建设的指导意见》明确指出，要充分利用云计算、大数据、人工智能等新技术，构建全方位、全过程、全天候的数字校园支撑体系，提升教育教学管理能力。教育部印发的《高等学校人工智能创新行动计划》明确提出："加快人工智能在教育领域的创新应用，利用智能技术支持人才培养模式的创新、教学方法的改革……是实现教育现代化不可或缺的动力和支撑。"《高等学校人工智能创新行动计划》强调，要在高校中形成泛在化、智能化学习体系，"推进信息技术与智能技术深度融入教育教学全过程，打造教育发展国际竞争新增长极"。

（一）高校人工智能学科建设

国务院印发的《新一代人工智能发展规划》中明确提出，在高校建设人工智能学科，完善人工智能领域学科布局，设立人工智能专业，推动人工智能领域一级学科建设，支持高校在"双一流"建设中，加大对人工智能领域相关学科的投入，"鼓励高校在原有基础上拓宽人工智能专业教育内容，形成'人工智能+X'复合专业培养新模式，重视人工智能与数学、计算机科学、物理学、生物学、心理学、社会学、法学等学科专业教育的交叉融合"。《关于设置人工智能专业建议书》指出，智能应用正在深入各行各业，人工智能领域的人才需求具有持续性、长期性，需要加大人才培养力度；应该尽快设置人工智能本科专业，积极构建产学研协同育人模式，实现与行业的对接，提升学生的创新能力和创业意识。针对人工智能普适性、渗透性、应用性强的特点，建议科学设置人工智能专业，强调学校应该根据自己的条件与优势，制定有特色的培养方案和课程体系。

（二）高校人工智能学院建设

《高等学校人工智能创新行动计划》指出，要加快建设人工智能科技创新基地，促进高校、科研院所和企业等创新主体协同互动，建设协同创新中心，鼓励高校建设信息科研组织机构，开展跨学科研究，到2030年，高校要成为建设世界主要人工智能创新中心的核心力量和引领新一代人工智能发展的人才高地，为我国跻身创新型国家前列提供科技支撑和人才保障。《新一代人工智能发展规划》明确提出，要尽快在试点院校建立人工智能学院，增加人工智能相关学科方向的博士、硕士招生名额。

在政策引领下，天津大学智能与计算机学部、南开大学人工智能学院、南京大学人工智能学院、上海交通大学人工智能研究院、辽宁工程技术大学腾讯云人工智能学院、哈尔滨工业大学人工智能研究院、重庆邮电大学人工智能学院、湖南工业大学人工智能学院、清华大学人工智能研究院、南京理工大学人工智能学院和人工智能研究院、南京航空航天大学人工智能学院暨人工智能研究院、福州大学人工智能学院和人工智能研究院等纷纷成立。各高校人工智能学院和人工智能研究院的成立，从学科资源、师资生源、人才培养、专业建设等方面为人工智能学科在高校的发展提供了充分支持。人工智能学院着眼人才培养，研究院着眼科技创新，有助于推动高校人工智能创新人才培养，以及人工智能学科建设事业的共同发展。

在全球高校人工智能学科建设的背景下，国内高校人工智能学科建设面临着激烈的竞争和挑战，欧美国家，尤其是美国在AI研究领域中有优势地位，而国内高校的人工智能学科建设和科学创新研究仍在起步阶段，需要更加完善的学科体系和专家指导，同时提升高校教师队伍的智能素养，建立符合科研趋势和学生需求的AI课程体系，适应全球人工智能发展的新浪潮。

二、高校信息化教学资源建设与共享

（一）高校信息化教学资源建设

信息化教学资源指的是蕴含大量教育信息、能创造出一定教育价值、以数字信号的形式在互联网上进行传输的信息资源。目前，我国高校信息化教学资源主要表现为四类（见图8-1）。

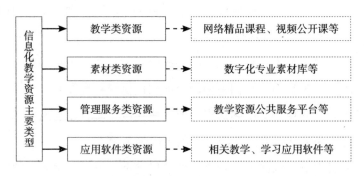

图8-1　我国高校信息化教学资源的主要类型

《教育信息化十年发展规划（2011—2020年）》提出："利用先进网络和信息技术，整合资源，构建先进、高效、实用的高等教育信息基础设施，开发整合各类优质教育教学资源，建立高等教育资源共建共享机制，推进高等教育精品课程、图书文献共享、教学实验平台等信息化建设。"《教育部关于印发〈教育信息化"十三五"规划〉的通知》（教技〔2016〕2号）明确指出，要继续推动高校建设并向社会开放在线课程，促进中央部门高校支援西部高校开展在线开放课程线上线下混合式教学改革；积极支持与推进高等学校继续教育数字化资源开放和在线教育联盟、大学与企业继续教育联盟建设，扩大高校优质教育资源受益面，在提升高等教育、继续教育质量中发挥重要作用。在教育信息化的时代进程中，高校的信息化教学资源建设始终是高校教育信息化的重要环节，各院校结合自身优势，开发建设了大批高校精品课程资源并建立高校教学资源库。

（二）高校信息化教学资源共享

推动教育信息化 2.0 需要实现三个转变：实现教育专用资源的开发应用向大资源的开发应用转变，从提升应用能力向提升信息素养转变，从融合发展向创新发展转变。优化"平台＋教育"服务模式与能力，利用平台实现教育资源的"众筹众创"，对高校提出开设精品大规模在线开放课程的要求，为学习者提供海量、个性化的学习服务，实现教育资源从专用向通用的转变。高校在线教学资源库要扩大开放范围，考虑不同类型学习者的学习需求。

在教育信息化 2.0 时代，人工智能、大数据、学习分析等技术在教育领域迅速发展和逐渐应用，打破了传统教学资源的封闭性状态，使丰富的教育资源走向共享共融，面临更加多元化、深层次的资源建设挑战，高校信息化教学资源建设从自主开发逐渐走向共建共享，积极探索与其他优秀高校和企业之间的合作交流。高校信息化教学资源中，以 MOOC 为代表的网络教学资料，根据不同学校的开放程度，有限制与非限制的区别，优秀的教学资源需要更广泛的使用和借鉴，优秀的教学经验需要更广泛的传播和交流。不断累积的丰富教学资源，需要借助网络平台实现资源共享，达到优质资源的充分利用，促进不同高校之间的学习交流，了解不同学习群体的实际需求，实现高校教学资源的整合与创新。例如，贵州理工学院利用清华大学开设的 MOOC 课程"电路原理"，实施"以学生为中心的教与学"混合教学模式改革，将教学目标从知识传承转为能力训练，学生的学习氛围大为改观，学习能力明显提升。与此同时，由于资源共享的激励保障体系决定着共享机制的生命周期，制约着资源共享进程的健康发展，因此高校网络教学资源共享也应倡导树立数字资源的版权意识，认识数字资源共享与版权保护的博弈关系，寻求资源共享与版权保护之间的动态平衡。在高校信息化教学资源逐步实现共建共享、公建众享的过程中，公平公正的共享环境是资源共享良性、持续发展的必要保障。

三、新技术环境下的高校教学改革

（一）高校教学改革"以人为本"

《高等学校人工智能创新行动计划》基本原则的第一条就是"坚持育人为本""面向新时代和信息社会人才培养的需要，以信息化引领构建以学习者为中心的全新教育生态，实现公平而有质量的教育，促进人的全面发展"。新技术环境下的高校，承担着人才培养和科研创新的重任，基础的教学部分正面临着深刻的变革。相比教育信息化 1.0 时代，2.0 时代的高校教学更加注重智能教学、教育数据、学习分析等新技术的学习、应用及研究，注重师生的数据素养、网络安全素养、学习分析能力的培养，技术不再单纯是教学应用的手段，而是作为教育信息化的一部分，与人的发展有机统一。技术融入教学的本质归根结底在于促进人的发展，满足学习者的个性化需要，为学习者提供量身定制的学习资源和学习策略，为教学者提供差异化的精准指导。随着"互联网+"理念的提出，"互联网+"教学的主体逐渐发生变化，教师和学生共同成为教学的参与者，教师在给予学生充分话语权的同时，也要注重强化自身的引导力量，参与者在教学过程中是至上的，平台的搭建、工具的使用、内容的生成，其隐含的关键之处就是将参与者的地位放在整个教学的顶端，以人为本。

（二）新技术融入高校教学改革

自适应学习技术与学习分析密切相关，在高等教育领域，自适应学习技术已经逐渐应用。移动学习在高等教育领域的应用已有很多相关研究，大多数高校学生使用移动设备进行学习，移动学习为师生提供了更多的互动机会，并通过与课程整合对学生的学习成绩和学习评估产生影响。随着物联网的激增，高等院校正逐步与行业合作，帮助学生创新和开发新项目，培训学生最新技术。

管理系统在高等教育领域的几个主导品牌主要包括 Canvas、Blackboard、Moodle、Edinodo、Desire2Learn 和 Sakai。下一代管理系统的首要目标是将这些平台的重点从支撑管理任务转移到深化学习行为，适应全体师生的具体需求。随着 AI 技术的不断深入，高校中使用人工智能的案例也在逐渐增多，师生需要学习和适应更加复杂的智能系统，智能素养的提升迫在眉睫。自然用户界面的使用能够发掘教育中学习和交流的新形式。

全球高等教育领域里，新技术的应用和研究对于国内高等教育的教学改革是机遇、挑战，同时也提供了一定的经验和借鉴。相比于强调信息技术应用的教育信息化 1.0 时代，教育信息化 2.0 时代更关注"发挥技术优势，变革传统模式，推进新技术与教育教学的深度融合"。随着"互联网＋"、人工智能、大数据等新兴技术在教育领域的应用，融入信息技术的教学模式、教学策略和教学理念也在不断探索和创新。就在线教育来说，大规模在线开放课程使学习者能根据个性化需求选择丰富的教学资源。目前在我国，以MOOC 为代表的在线学习逐渐贯穿各类高等教育，加速了高等教育向在线教育方向迈进的步伐。当大学教师在课程中使用或推荐学生使用开放可获取的课程资源时，混合学习便自然发生了。同时，越来越多的高校课程开始推广和采用翻转课堂教学法，也是一个例证。对高校来说，融入新技术的教学可以解决传统教学过程中师生互动和信息收集方面存在的困难，教育数据能够更加高效地发现师生教学过程中的问题和需求，为学习者和教学者提供更加个性化的诊断和指导，为教育教学改革决策提供重要依据，从而更加科学地指导课程建设和学科建设，有理可依的数据支撑使得精准教学也逐渐成为教学发展的关注热点。

随着"互联网＋"对教育资源、学习模式和教学模式等带来的深刻影响，互联网技术与教育逐渐深度融合。海量的教育数据对于高校来说是手段，亦是资源，高校应充分利用教育数据，在了解师生个性化需求的基础上制定相应的课程；同时将大数据、人工智能等新技术融入课程体系，设置适应高校学生的大数据课程和智能课程，培养学生的数据分析应用能力，提升师生的智能素养。

在教育信息化 2.0 时代，新技术打破了传统的教学模式，高校教学面临着重构，新技术融入的教学应充分利用教育数据对碎片化信息进行整合，为高校师生提供多元化、个性化、精准化的教学指导和学习策略，促进师生智能化素养的提升，增强师生应用数据进行学习分析的能力，促进学生的创新思维发展。在充分意识到新技术对高等教育产生深刻影响的同时，也要意识到技术不等同于教育，尽管新技术潜力巨大，在推进高校教学变革中仍然受技术本身、操作层面和规章制度等方面因素的影响，高校要逐渐探索技术与教学改革融合的科学途径，在探索中逐渐解决各方面问题，才能充分发挥新技术在教学变革中的作用。

四、智能时代的信息素养提升

教育信息化 2.0 时代对高校师生提出了更深层次的要求，不仅要掌握信息技术的应用能力，更要培养良好的信息素养，具备利用信息技术手段发现并处理问题的思维方式和学习技巧。

（一）高校学生信息素养教育

信息素养是学习者开展自主学习、体现学会学习、实现终身学习的核心。人工智能、大数据、云计算、"互联网+"等不断发展的新技术对高校学生的信息素养提出了更高的要求，数据素养、媒介素养、信息安全素养等新领域逐渐成为高校学生信息素养教育的热点。所谓数据素养，是指有效地理解和使用数据，以便为决策提供信息的能力，是信息素养的核心组成部分。对于高校学生来说，在信息素养教育中整合数据素养是大势所趋，数据素养教育必须贯穿学生的整个学习生活。培养学生的数据素养，应以课程为基础，改变传统单一的课程教学模式，坚持数据课程群的建设，构建有利于师生教学和课程发展的数据素养教育体系。

（二）高校教师信息素养提升

美国大学与研究图书馆协会（ACRL）发布的《高等教育信息素养框架》，将"信息素养"重新定义为包括信息的反思发现、理解信息如何产生与评价，以及利用信息创造新知识、合理参与学习社区在内的一组综合能力。随着"互联网＋"逐渐融入高等教育领域，高校教师面临着教学模式转变、师生角色转变、教学技术更新、教学理念创新及信息安全问题等多重挑战，积极提升高校教师的信息素养，培养教师的信息思维，适应新时代对高教工作者的要求，是高等教育信息化的重要环节。在教育信息化 2.0 时代，大数据、学习分析、云计算、人工智能等技术热点词汇逐渐成为高校教师信息素养的组成部分。例如，结合新技术发展的时代背景，《高等学校人工智能创新行动计划》明确提出将人工智能纳入教师信息素养提升工程中，以适应智能教育时代对教育工作者的新要求。随着大数据在教育领域的不断应用，教师的数据素养也成了研究的热点话题，信息素养主要是检索、评估与利用信息的能力，数据素养更加强调个体的能力，不仅包含了信息素养的要求，也重视数据素养意识及数据伦理。教师的数据素养是教师在接触教育数据时所体现的一种综合能力，包含数据意识与态度、数据基础知识、数据核心技能及数据思维方法四个方面。

五、高校信息网络安全建设

（一）高校信息安全的概念及表现

技术进步为高校教育领域带来机遇的同时，也不可避免地带来了一些值得关注的热点问题，其中信息安全问题已经成为全球高等教育信息化关注的焦点。所谓高校信息安全，是指确保涵盖信息处理系统的安全、信息自身的安全和信息利用安全在内的，从电脑硬件安全、处理系统运行安全、信息数据安全、信息内容本身安全四个维度出发，对具有机密性、完整性和可用性的高校信息保护的一种特性。从物理安全维度看，主要是校园网络内运行的硬件设备的安全，涉及动力安全、设备安全、电磁安全、环境安全等；从运行安全维度看，主要涉及网络系统的可控性、可用性、可信赖性等，即保障信息系统不被篡改、破坏或不被非法操作等；从数据安全维度看，是保障校园网络中流通数据的安全，即网络中的数据不被篡改、非法增删、复制、解密、盗用等；从内容安全维度看，是对信息本身内容真实性的鉴定、隐藏信息的发现，以及对信息的选择性阻断。其中，物理安全和运行安全是信息安全的基础。在教育信息化的时代背景下，高校不断将新技术应用到教育教学和科学研究中，如虚拟学习环境的尝试。在高等教育中，虚拟现实和增强现实的结合使许多应用成为可能，但这些应用也带来了安全问题，为了管理潜在的风险，校园信息安全团队必须确保适当的安全保护到位。此外，随着高校在校园更广泛地使用这些系统，有效地管理风险就变得更加关键。信息安全团队可能需要评估的因素包括基本的信息安全需求、隐私和策略。

（二）高校信息安全的重要性及对策

高校网络教育系统是以互联网为载体的教学模式，在优化教学过程的同时，由于网络教育所具有的开放性、国际性和自由性，网络安全的脆弱性愈加明显。高校教育系统的网络安全工作，是高校网络教学、科研等一切工作的基本保障。积极探索高效信息保障策略，有利于提高高校信息安全管理整体意识，有助于制定行之有效的信息安全管理制度，能促进高校信息安全保障机制的不断完善，有效推进高校信息化进程，能提高师生信息安全意识，促进我国信息安全专业人才的培养。高校面临的网络与信息安全化问题和挑战十分复杂，包括技术、防范策略、设备或软件、管理、人员等多方面的挑战。对此，教育部强调，在健全完善教育系统网络安全制度体系的同时，也要加强网络安全人才的培养，加强网络安全学科专业建设，探索网络安全人才培养的新思路、新体制和新机制，建设世界一流网络安全学院；强化网络安全宣传教育，从技术层面和管理层面双管齐下，积极推进高校的教育信息网络安全建设，为高校的教育信息化进程提供安全保障。在学科建设和人才培养层面，教育部《关于加强网络安全学科建设和人才培养的意见》明确指出，"人才是网络安全第一资源"，"要加快网络安全学科专业和院系的建设，创新网络安全人才培养机制，加强网络安全教材建设，强化网络安全师资队伍建设，推动高等院校与行业企业合作育人、协同创新，加强网络安全从业人员在职培训，加强全民网络安全意识与技能培养，完善网络安全人才培养配套措施"。

　　在信息飞速发展的新技术时代，高校建设的在线课程资源不仅为高校学生的信息安全素养教育提供了随时随地的指导，对于社会人士的信息安全素养提升也具有重要意义。除了课程教学，在技术层面，已有研究主要是集中于高校信息化建设中相关设备的防病毒软件安装、防火墙设置、入侵检测技术、网络安全扫描技术、SSL 安全套接层协议等，重重保护，消除技术隐患。在安全治理层面，有学者提出了基于 ISO/IEC 27001 标准的高校信息安全治理体系，包括高校信息安全组织体系、高校信息安全管控体系、高校信息安全技术体系、高校信息安全政策体系，并采用 PDCA 循环管理模式优化了高校信息安全管理的流程，为高校信息安全治理提供了有效的保障。

参考文献

[1] 杨晓飞，聂凯. 高校信息技术与课程教学融合研究 [M]. 长春：吉林人民出版社，2020.

[2] 黄立新. 信息技术教学应用 [M]. 北京：高等教育出版社，2020.

[3] 王凯丽. 信息技术环境下的教师发展 [M]. 北京：九州出版社，2020.

[4] 刘道义，何安平. 英语教学资源的开发利用与评价 [M]. 南宁：广西教育出版社，2020.

[5] 倪彤，许文静，张伟. 信息化教学技术 [M]. 北京：清华大学出版社，2020.

[6] 周效章. 信息化教学技术与方法 [M]. 北京：中国农业出版社，2020.

[7] 李志河. 信息化时代的教学创新：环境、资源与模式 [M]. 北京：中国社会科学出版社，2020.

[8] 何克抗，吴娟. 信息技术与课程整合 [M]. 北京：高等教育出版社，2019.

[9] 颜珍平，陈承欢. 教学资源、信息化教学的诊断与优化 [M]. 北京：电子工业出版社，2019.

[10] 王菊平，周优钢，赵诗勇. 教师信息化教学知识及能力体系研究 [M]. 北京：阳光出版社，2019.

[11] 武晓琼，王海萍. 信息化时代的教育教学理论与实践研究 [M]. 北京：中国水利水电出版社，2019.

[12] 丁静. 高等教育与教学管理信息化建设研究 [M]. 西安：西北工业大学出版社，2019.

[13] 李灿辉. 高职院校教学资源库建设与实践研究 [M]. 长春：吉林出版集团股份有限公司，2019.

[14] 刘芳. 信息技术与高校教学融合方法研究 [M]. 北京：九州出版社，2019.

[15] 兰彬，唐剑. 现代教育信息技术研究 [M]. 北京：中国林业出版社，2019.

[16] 牟怡楠. 信息技术时代课堂教学改革与发展探究 [M]. 北京：新华出版社，2019.

[17] 齐景嘉，蒋巍，李蕾，等. 新媒体环境下基于学业情绪的高校教学策略研究 [M]. 长春：吉林大学出版社，2019.

[18] 斉春妮. 互联网时代的现代教育技术教学改革 [M]. 北京：中国书籍出版社，2019.

[19] 邓蕾蕾. 信息技术与高校教学融合问题研究 [M]. 郑州：郑州大学出版社，2018.

[20] 王冠中. 新时代高校教学改革研究 [M]. 北京：首都师范大学出版社，2018.

[21] 李海洁，陶薇薇，施立攀. 信息技术教学方法与创新 [M]. 延吉：延边大学出版社，2018.

[22] 杜晶. 新形势下高校教育教学管理创新研究 [M]. 哈尔滨：哈尔滨工程大学出版社，2018.

[23] 谭义东. 高校教育信息化建设与教育技术应用创新 [M]. 长春：吉林出版集团股份有限公司，2018.

[24] 尹新，杨平展. 融合与创新高校教育信息化探索与实践 [M]. 长沙：湖南科学技术出版社，2018.

[25] 樊瑜. 现代信息检索与利用 [M]. 武汉：华中科技大学出版社，2018.

[26] 黄贤明，梁爱南，张汉君. "互联网 +"背景下高等教育信息化的改革与创新研究 [M]. 长春：东北师范大学出版社，2018.

[27] 张屹，陈蓓蕾，沈爱华. 智慧课堂教学研究的方法与案例 [M]. 武汉：华中师范大学出版社，2018.

[28] 远新蕾，赵杰，陈敏. 信息技术支持下的课堂教学 [M]. 北京：冶金工业出版社，2017.

[29] 刘阳. 现代教育观念下高校教学管理探索 [M]. 长春：东北师范大学出版社，2017.

[30] 彭苇. 教育技术与网络教学资源整合 [M]. 北京：光明日报出版社，2017.

[31] 何俐，曾玲，夏艺诚，等. 信息化环境下高职院校专业教学资源库建设研究 [M]. 长春：吉林人民出版社，2017.

[33] 陈娟. 信息技术与课程教学深度融合研究 [M]. 北京：中国铁道出版社，2017.

[34] 李明. 现代教育信息技术及应用 [M]. 延吉：延边大学出版社，2017.

[35] 闫志明，宋述强. 信息技术教育应用的理论与实践 [M]. 北京：高等教育出版社，2017.